警視庁刑事部
現場鑑識写真係

犯罪捜査に国境なし

戸島国雄
Tojima Kunio

並木書房

この本を故田宮榮一氏に捧げます。　戸島国雄

はじめに

鑑識担当の警察官は、犯罪事犯の捜査に日々心血を注いでいる。どんなに凄惨な現場でも目をそむけることなく、遺体のかたわらに這いつくばり、散乱したものの中から事件に関係する証拠を一つひとつ見つけ出す。

発見した証拠品はどんなに小さなものでも、それを手がかりとして、犯行を読み取り、容疑者を割り出していく。これが鑑識に与えられた任務であり、使命である。

鑑識官というプロが動き出せば、犯罪者は逃げおおせることはできない。人の行為には必ず痕跡が残り、完全犯罪は不可能である。これは私自身の経験から断言できる。

現場鑑識活動の一つに、私が長年従事した鑑識写真がある。事件現場を現状のまま保存することはむずかしい。そのため、現場を写真で正確に記録する。犯人の指紋、足跡、体液、犯行時に使用された凶器や遺留品などを撮影していく。

事件現場をありのままに記録した鑑識写真によって、必要な時に事件発生時の状況を再現できることは捜査の過程で大いに役に立つ。また臨場《りんじょう》できなかった捜査官に現場の状況を容易に理解させることができる。さらに、法廷では真実を明らかにするために欠かせない極めて重要なものとなり、裁判の帰結に影響を与えることもある。

そのためには鑑識写真の撮影に失敗があってはならない。失敗したからといって、あとから撮り直すことはできない。現場鑑識写真係に課せられた役割と責任は重い。

日本の警察はもちろん、私が奉職するタイの警察でも医学、化学、物理学、心理学などの科学的知見を応用した鑑識活動が重視され、その技術は飛躍的に進歩している。その任務に国境はない。

警視庁刑事部現場鑑識写真係［目次］

はじめに　1

第1章　警視庁刑事部鑑識課　9

京浜工業地帯の派出所勤務　9
最悪だった写真との出会い　13
現場保存の初体験　16
刑事課鑑識係に異動　19
最初の事件現場　22
古参刑事の無銭飲食？　25
羽田闘争事件出動！　27
東大闘争——三四郎池の水汲み　34
警視庁刑事部鑑識課へ転勤　38
初めての現場撮影　42
たった一人で遺体処理　49
航空写真に初挑戦　53

三菱重工爆破事件　58
雪の妙高高原の遺体発掘　59
つらい別れ　67

第2章　タイ国家警察局科学捜査部　76

タイ国警察へ鑑識指導　76
使えない英語　79
高層ビル火災の現場検証　83
気まぐれなトチャイ将軍　84
消えた運転手　87
将軍のきつい一発　89
癖（へき）と犯罪　93
甘い言葉に用心　101

第3章　鑑識の仕事は体で覚えよ　105

タイ人は犯罪のニュースが大好き　105
野次馬に荒らされる犯罪現場　107
「仕事は現場で覚えろ！」　110
実技試験をカンニング　111
野犬に襲われる　115
タイで初の鑑識捜査の教科書　117
夜の事件現場　119
海外派遣先でも似顔絵作成　125
写真現像処理機の導入　127
危険な労災事故現場検証　129

第4章　ふたたびタイ警察へ　134

タイ式の人付き合い　134

バンコクのスリ被害　139
建設現場の殺人事件　142
奥深い「ワイ」の挨拶　145
「俺がその姿を見届ける」　148
麻薬密売人との銃撃戦　152
サン警察庁長官からの依頼　156
チャイナタウンの女　158
引っ越し先は事故物件　162
たくましいタイの人々　168
第5章　同国人に気をつけろ　172
タイの火災現場　172
タイの結婚式　177
鑑識捜査の現場指導　183
元暴力団員の殺人事件　187

第6章　事件は続く　195
タイ南部のイスラム過激派　195
市場を狙ったテロ事件　204
深夜の宝石店荒らし　209
盗まれたキングコブラ　212
田宮教官とのタイ旅行　218
おわりに　225
著者略歴　227

第1章　警視庁刑事部鑑識課

京浜工業地帯の派出所勤務

一九六三（昭和三八）年、警視庁警察学校を卒業し、蒲田警察署へ配属となった。最初の勤務地は大型トラックが行き交う産業道路に面した北糀谷《きたこうじや》派出所だった。

排気ガスを目いっぱい吸い込みながら働くと勤務明けには制服の下の白いワイシャツは真っ黒になった。そんなひどい環境のなかで、毎日、時間のある限り受け持ち区域のパトロールに精を出していた。

自転車で管轄内を巡回すると、通りで町工場の工員たちがいつものキャッチボールに興じている。そのたびに私は危険防止の注意をする。周囲の町工場からは廃油や鋳物を溶かす臭いが漂い、旋盤の音が止むことなく聞こえてくる。

にぎやかな町工場の通りも夜になると一転して人の気配がなくなる。深夜に巡回していると突然背後から石や牛乳瓶を投げつけられることがある。ボール遊びを注意されたことへの腹いせだろうか。

深夜一時過ぎ工場地帯をいつものように自転車で回っていると、白い乗用車がライトもつけずにゆっくりと近づいてきた。急いで車の前に立ちはだかり、懐中電灯を左右に大きく振って車を停止させた。車内には二人の少年がいた。

職務質問をしようとすると、二人は車から飛び出し、脱兎のごとく逃げ出した。私は自転車をその場に投げ出してあとを追い、足の遅いほうを捕まえた。少年は大暴れして、私の手から逃れようと必死にもがく。とにかく派出所まで連れて行こうとするのだが、少しでも気を抜くとすぐに逃げようとする。当時は無線機も携帯電話もなく、自分しかいない。派出所の赤灯が見えても、少年はなかなか歩こうとしない。何度も立ち止まり、もみ合いながらも必死に引きずっていると、曽我班長が帰りの遅い私を心配して途中まで迎えに来てくれた。それを見た私はつい嬉しくなり、少年を押さえ込んでいた腕の力を弱めてしまった。すきをうかがっていた少年はとたんに暴れ出す。最後の力をふり絞り、少年を路上にねじ伏せた。

交番に着く頃には汗だらけで体もふらふらになっていた。少年を落ち着かせて話を聞くと、羽田飛行場の近くで漁師をしているという。なぜ逃げたのか質問すると、乗っていたのは盗んだ車で深夜の工場地帯を乗り回して遊んでいたのだという。

先輩や班長の協力で少年をさらに調べると、羽田周辺の不良グループのリーダーで、素行が悪い問題の少年であることが判明した。班長からは「トジマ、慎重に取り扱わないと凶器で刺されるよ」と注意された。

そこで少年の体を検査すると、鉄板を加工機械で削った刃渡り三〇センチほどの手製のナイフを脇腹に隠し持っていた。この町で工員をしている不良たちは休み時間に簡単に刃物を作ることができる。彼らはこの手製ナイフをつねに携帯し、職務質問の警察官が何人も刺されている。気をつけないと、いつやられるかわからない。

それから一か月ほどが過ぎて梅雨の季節に入った。この頃、工場荒らしの通報が急に増えた。鉄工所や鋳物工場には、真鍮、ステンレス、銅板などの金属が多く保管してあり、それらの盗難がたびたび起こったのだ。

注意深くパトロールしていても、なかなか工場荒らしの犯人逮捕には至らず、深夜の休憩時間もつぶしてパトロールを続けた。その日も先輩と一緒に工場地帯の巡回に出かけた。時刻は午前三時を過ぎ、雨は止むこともなく、しとしとと降り続いている。

1964年当時、事件や事故の多い蒲田署勤務を希望し派出所勤務を始めたころの筆者。

ある鉄工所の脇に見慣れない小型トラックが停めてあるのに気づいた。この時間に車が停まっているのを見たことがなかった私は、どうしたのだろうかと気になって先輩に声をかけると、先輩も同じ思いであった。車のナンバーは横浜で、トラックのボンネットやマフラーに触れるとまだ少し温かい。

　もしかすると泥棒かもしれない。先輩は何も言わずに大きくうなずくと、近くの物陰に身を隠した。私は急いで近くの公衆電話から本署へ応援を求め、現場に戻ると、トラックを見通せるゴミ箱の陰に隠れた。

　待つこと二〇分、鉄工所の塀を乗り越え麻袋を担いだ二人の男が出てきた。様子をうかがっていると、二人の男は交互に何度も麻袋を運び出している。しばらくすると応援のパトカーが来た。私たちは静かにトラックに近づき、男たちに声をかける。彼らは手にした盗品を投げ捨て、持ち出した木刀や金属棒を振り回して暴れ始めた。

男たちに何度も殴られたものの、その場では痛いというより、取り逃さないよう必死だった。雨と泥水に濡れながら地面に組み伏せようと、もがいていると、そこに応援の警察官も加わり、その場で犯人たちを取り押さえることができた。この日、捕まえた泥棒は三人で、鋳《い》物《もの》、砲金《ほうきん》（青銅の一種）などを専門に盗んでは売りさばき、荒稼ぎをしていた悪名高い窃盗団であった。

天気のいい日は金属が触れると甲高い音がするので運びづらいが、今日のような雨の日は音がかき消され、金属の持ち出しには好都合だ。足跡も雨で残らず、臭いも雨で消えて警察犬の追跡も受けにくい。逮捕された犯人の一人は、悪びれる様子もなくそう語った。

最悪だった写真との出会い

一九六六（昭和四一）年四月、私は二五歳で結婚した。新婚旅行に行くのに生まれて初めて一眼レフカメラ、アサヒペンタックスSPを購入し、店員から使い方とフィルムの入れ方を教えてもらった。すぐに新品のカメラを首に下げて試し撮りをしようと、近くの多摩川の河川敷へ向かい水鳥を撮影した。とても楽しく夢中でシャッターを切った。

新婚旅行は南九州の別府温泉と日南海岸で、観光しながら旅先の風景をカメラに収めていった。

楽しかった旅行も終わり、思い出の詰まったフィルムを蒲田駅前のカメラ店に出した。翌日さっそく仕上がった写真を受け取ると、旅の思い出を撮影したフィルム五本のうち四本は何も写っていなかった。

透明なフィルムを手にして、なぜ何も撮影されていないのか、何かの手違いではないのか、いやフィルムの現像を失敗したのではないか、と店員に鼻息荒く詰め寄った。

すると店員は苦笑しながら、原因はカメラにフィルムがきちんと装塡されなかったため、送り出されていなかったからだと教えてくれた。納得できないが、よく考えてみると正常に撮影できたのは最初の一本で、それはカメラ店の人が入れてくれたものだ。二本目からは自分で装塡したが、それがすべて撮影できていなかった。

楽しい思い出の新婚旅行の写真は一枚も写っていなかった。もちろんやり直すことはできない。私は青くなって自宅に帰り、新妻の寿子に正直に事情を打ち明けると、やはりがっかりした様子だった。慰めの言葉をかけようと、とっさに出た言葉は「江戸時代の人は旅をしてもカメラはなく、旅の思い出は頭の中に残していた。俺たちも写真がなくても昔の人と同じく頭の中に楽しい記録を残しましょう」。そう言うと寿子は声を出して笑った。

1966年４月に看護師の寿子と結婚。家庭のことはすべて妻に任せっきりだった。２人の息子に恵まれ、航空自衛官として勤務している。

その数日後、当直明けに自宅で昼寝をしていると、結婚式を挙げたH会館の写真スタジオの二人が訪ねてきた。大きな文明堂のカステラを差し出しながら、実は結婚式で撮影した写真が一枚も写っていなかったと、申し訳なさそうに言う。

なぜプロのカメラマンが失敗をするのだ。私は憤りながら相手に理由を尋ねると、トプコンホースマン6×9大型カメラのフィルムホルダーの引き蓋を抜き忘れたまま撮影してしまったという。二人はアパートの玄関先で何度も頭を下げて平謝りしている。「再度撮影に来て下さい」。そう言われても、私はただ呆然として返事をする気にならなかった。

仕事から帰ってきた妻にそのことを話すと彼女は突然泣きだした。結婚式場の記念写真も新婚旅行の写真もすべて撮れていなかったなんて、こんなことがあるのだろうか。結婚式場に撮り直しに行こうと思ったが、先輩から二度も白無垢の花嫁衣装を身につけるのは縁起が悪いと言われたことを思い出し、ためらっている間に月日は過ぎ、ついに結婚式の写真を撮り直すことはなかった。

そんなこともあって月賦で買ったアサヒペンタックスは、その後しばらく見ることも、手にすることもなく押し入れの奥にしまい込んで、私はすっかりカメラが嫌いになってしまった。

現場保存の初体験

ある日の夕方、蒲田駅前派出所管内で火災が発生した。数軒延焼したが、消防士の懸命の消火活動により二時間ほどで鎮火した。その間、火災現場付近の交通整理をしている私のところに警ら係（地域係）の小渕部長が来て、「戸島、この火災で一人焼死しているので、現場はそのままにして、明朝から警察と消防で合同の現場検証をする。お前は明日の朝まで先輩の福田巡査と警備につけ」と言われた。

火災現場の瓦礫の中には焼死した遺体がそのまま残っていて、あたりは焼け焦げた臭いが立ちこめている。現場にいた消防士も所轄の捜査員もみな本署へ引き上げた。

帰り際、小渕部長は「夜中に遺体が逃げ出さないよう、しっかり見張りしろよ」と厳しい冗談を言う。「はい。わかりました」。私は元気よく応えたが、遺体が残る現場に一人取り残され、心細くなってきた。

亡くなられた人は誰だったのか。私は遺体を直接見ていないが、息を吸うと焼死体の臭いがしてくるようだ。足元からはわずかだが煙が薄く立ちのぼっていた。私は白いシーツがかけられた遺体に向かって制帽を取り、「今晩ここで見張りをする戸島巡査です。どうか幽霊になって出て来ないようにお願いします」と両手を合わせた。

夜がふけるにつれ、さらに臭いが鼻を刺すようになってきた。空腹だが食欲はない。裏を流れる呑川《のみがわ》から吹く風はとても冷たかった。

しばらくすると先輩の福田巡査が交代にやってきた。機動隊勤務から異動してきた福田巡査は、なんと本来の交代時間より三時間も早く来てくれた。心細かった私は親切な先輩に心から感謝した。

福田先輩は元気な声で、「俺が交代するから、戸島は派出所に戻って熱いお茶でも飲んでひと休みしてこい」と言ってくれた。ありがたく派出所で三時間ほど休憩して交代しに戻る頃は、まだ人通りもあり、周囲の家の明かりもついていた。

だが、午前一時を過ぎると、さすがに人の気配はなくなり、走る車の音も、猫の鳴き声すら聞こえなくなった。先輩の優しい言葉で早めに交代した私は、おかげでいちばん寂しい時間帯を担当することになった。次の交代の午前四時までまだ時間がある。

吹く風もさらに強くなり、体全体に冷気が入り込んでくる。燃え残った屋根のトタンが垂れ下がり、風が吹くたびに頭上でこすれてギーギーと嫌な音をたてる。

瓦礫の中の遺体にかぶせてある白い布が突然大きく波打った。私は遺体がシーツをまとい動き出したのかと、部長の言葉を思い出して恐怖で全身に鳥肌が立った。風で大きく煽《あお》られる白い布は、まるで遺体がもがき苦しんで動いているようにしか見えなかった。

これが警察官になって初めての現場保存の任務であった。

それから二日後、勤務を終えて警察署の玄関を出ようとした時、突然後ろから「戸島、最近道場に顔を出さないな」と低い声がした。振り向くと、巨漢の警察柔道指導の村田先生がニコニコしながら立っていた。私が挨拶を返すと先生は「柔道の試合が近いので練習に出て来い」と言う。そして、栄養をつけにいこうと言って、食事に誘ってくれた。私に断る理由はなく、先生のあとをついて行った。

夕方の蒲田駅前通りは飲食店の色鮮やかなネオンであふれ、パチンコ店から賑やかな音楽が流れている。通りを行き交う仕事帰りの人たちはみな解放感にひたっている。村田先生と私は薄汚れた暖簾《のれん》のかかった居酒屋に入った。奥のカウンター席に落ち着くと焼き鳥の串を数本と煮込みを注文した。店内は炭火の煙がもうもうと立ち込め、二日前の火災現場の寒くて心細かった現場保存の初体験がよみがえってきた。

そんなことなどまったく知らない村田先生は笑顔を見せながら「この店の焼き鳥は特別うまいし、安いからなんでも注文してくれ。いくらでも食べてもいいからな。今度の試合は頑張ってくれよ」と私の肩をポンと叩いた。

そう言われたものの、なかなか焼き鳥に手を出す気にはなれなかった。

刑事課鑑識係に異動

その後、地域係の勤務は何事もなく二年目を迎え、署内の配置替えで刑事課看守勤務（留置場勤務のいわゆる牢番）を一年務めた。その後、希望したわけでもないのに所轄署の鑑識係に突然配置替えになった。

「鑑識官は発生する凶悪犯罪事犯に対して証拠を中心に捜査を行なう。そのためには科学的知見が必要で、法医学、物理学、化学、薬学などの知識が求められる」と鑑識歴二〇年の吉田巡査長から顔合わせの初日に言い渡された。

当時、蒲田署管内は都内でも事件・事故の多い土地柄といわれていた。そんななかで私は鑑識係として何をすればいいのか、何も知らずに鑑識という専門職でやっていけるのか。初めてわが身の置かれた立場を真剣に考えた。

鑑識係には三人の係官がいた。トップは甘利巡査部長、二番目は黒縁メガネの吉田巡査、三番目にお酒の好きな松永巡査。いちばん下っ端が私で、部屋の出入り口に近い隅の席を与えられた。

甘利部長が私の目を見ながら静かに言う。「戸島にはこれからいろいろな仕事を覚えてもらうが、まず事件・事故現場の写真撮影を担当してもらう」

吉田巡査も「ここで扱う事件は殺人と火災、盗難が多い。戸島の最初の仕事はいちばんやさしい現場写真の撮影だ。ほかの仕事はお前にはまだ無理だ。事件現場の検証や鑑定書の作成依頼などは、今後詳しく教えるからがんばってくれ」

酒好きの松永巡査は「新人戸島のお祝いをするから今夜は飲みに行くぞ」。こうして初日は飲み会で始まった。

先輩には何も言えずにただ「ハイ」と答える私だが、果たして自分に鑑識が務まるだろうか。いまの自分にできるのは交番勤務か交通整理くらいで、写真撮影の仕事は無理だ。なにしろカメラが怖い。新婚旅行での失敗以来、まったくカメラにさわっていない。

その日の夜、自宅に帰っても妻に鑑識係異動のことをなかなか言い出せず、ぼんやりテレビを観ていた。看護師の妻は私の元気のない様子を心配してくれた。そこで正直にすべてを話すと、「もしこの前みたいに撮影に失敗したら、自分の責任だけでは済まないのよ。警察庁、検察庁、裁判所から怒られて警視庁全体が責任を取らされるのよ」と諭された。そして「でも、もし失敗して左遷されて田舎の駐在所勤務になったら、それがあなたにいちばん似合っているかもしれないわね」。そう言うと寿子は声を出して笑った。

翌日、出勤するものの刑事課鑑識係の部屋には足が向かず、階下の廊下をうろうろしていると同僚から、「今度はいいところへ行ったな」「最高な所だね」「とにかくがんばってください」と口々に励まされた。私はただ「お、おぅ」と答えるのが精いっぱいで、挨拶にもならない返事をしていると、後ろから古参の鈴木刑事が「おいトンちゃん、こんな所で何をしている。鑑識係は三階だぞ。新米は自分の部屋もわからないのか」と一喝された。

私は重い足取りで三階に向かった。刑事課鑑識係では吉田巡査がお茶を飲みながらニコニコして待っていた。「昨日は戸島の歓迎会で飲み過ぎたな」と寝不足の私を見て笑っていた。鑑識係の戸棚には多種多様なカメラが保管されていた。吉田先輩から「事件現場に出動する時には好きなカメラを持って行きなよ」と言われたが、私は返事に詰まった。

そばにいた松永巡査が「おい戸島、お前は何のカメラを持っているんだ」と尋ねる。あわてて「アサヒペンタックスSPという一眼レフを持っています」と答えると、横から吉田巡査が

「おお、戸島はいいカメラを持っているな。やはり写真が好きなんだな」と感心したように声をかけてきた。まずいことに、すっかりカメラ好きだと思われてしまった。

最初の事件現場

鑑識係への配属から三日目、事件現場出動のお呼びがかかった。松永先輩から「はいトンちゃん、カメラだよ」と渡されたのは、私が新婚旅行で使ったカメラよりも大きくてずっしり重い現場鑑識専用のカメラだった。私は使えないとも言えず手渡されるままにカメラを手にして現場へ初出動することになった。

甘利部長に小さな声で「現場へ出動します…」と言うと、吉田先輩が「なんだ戸島刑事、葬式でも行くような声を出すな」と怒られて、みんなに笑われた。

現場へ向かう捜査車両の中で、先輩の話も現場の状況もほとんど耳に入らず、手にしているカメラを震える手でしっかりと握りしめていた。ただひたすら、どんな事件現場であっても、きちんと現場の写真撮影ができますよう神様に祈っていた。

事件現場は小さな町工場が建ち並ぶ一角で、鉄工所の経営者が作業場で自殺している、とのことだった。現場には関係者が集まり、鑑識が到着するのを待っていた。現場へ到着すると、それぞれ鑑識用機材を手にして作業場に入る。鉄骨の梁に梱包用のロープで男性が首を吊っていた。生まれて初めて目にした光景に、私は震えて立ちすくんでしまった。

松永先輩が「おい戸島、なに突っ立っているんだ。お前の仕事だぞ」と怒鳴られた。私は何をすればよいのかわからず、その場でおろおろするだけだった。すると「カメラをよこせ」と緊張した声で言われ、その剣幕に「はっ」として思わず手にしていたカメラを渡してしまった。その瞬間、責任逃れをした自分を恥じて大きなため息をついた。

先輩刑事たちはそれぞれ手にしている記録簿に現場の状況を記録し、計測しながら、現場の写真撮影も慣れた手つきで手際よく進めていく。

私は任されていた写真撮影をすることもなく、手持ちぶさたで先輩刑事の後方でぶらさがっている遺体を見ていると、「戸島、ぼんやりと見ているんじゃない。早くぶら下がっている仏さんの下に行け」と怒鳴られた。

言われるままに遺体の下に行くと、ロープを切り離すから遺体をしっかり支えるように言われた。揺れる遺体の足をそっと両手で支えると、口や鼻から体液を長く垂らした青白い顔の仏が、私を恨めしそうに見下ろしていた。

先輩が再び大きな声で「切り離すぞ。トジマしっかりと遺体を抱きかかえろ」と言った。私は恐る恐る抱きかかえる。生まれて初めて触れた遺体は重く冷たい。先輩は「しっかり腰を入れて抱きしめろ」と怒鳴る。関係者たちが心配そうに見ている前で言われるままに遺体の下半身を両手でしっかりと強く抱きしめた。鼻先に尿で濡れた下半身の臭いを嗅いでしまい、思わず吐き気が込み上げる。

何度も先輩に怒られながらしっかりと抱え込むと今度はお尻の方が柔らかな感触がする。さらに強い臭いが鼻をついた。これは大量の便だった。通常、首つりには失禁や脱糞が見られる。手を持ち替えようと、糞尿まみれの遺体を抱えてもがく、頭上では先輩が怒鳴っている。その光景を松永先輩は手にしたカメラで冷静に撮影している。

上でロープを切っている先輩の声がひときわ大きくなった。「よし、下ろすぞー」その瞬間ぶら下がった遺体が一気に私にのしかかってきた。必死に抱きかかえて全身で受け止めようとしたが、その重さは半端ではない。私はその重さに耐えられず遺体を抱いたまま後ろへ尻餅をついてしまった。

工場の土間に倒れた私の真上に遺体が覆いかぶさり、身動きがとれない。周りにいた先輩刑事たちは助けてもくれない。「なあんだ、トンちゃんは仏が怖くて腰が抜けたのかー」と笑われてしまった。気がつくと背広はベトベトで、糞尿にまみれていた。あまりの臭いに、帰りは車の貨物スペースに乗せられて私の初仕事は終わった。新米刑事として無理をして新調した背広は、あとで汚れを落とすのが大変だった。

こんな体験は生まれて初めてだ。このような現場に毎日臨むのだろうか。鑑識係になる前にこの仕事についてよく調べておくべきだったと本気で後悔した。

古参刑事の無銭飲食？

こうして新米鑑識官の仕事は手探り状態で始まった。辛い仕事が続き、食欲もなく胃腸薬が手放せなくなっていた。妻は私以上に心配して、食事をいろいろ工夫してくれたのはありがたかった。

寝ても悪夢にうなされて自分の叫び声で起きることもしばしばだった。昼間に現場で先輩に怒鳴られながら、凶悪事件や自殺など、いつでもどこでも死体のある現場に呼ばれ、遺体の処置を続けた。

手を血で汚さない仕事がしたい。これは当時の切実な願いだった。そのためには写真撮影だ。カメラを手にしていれば遺体の処置や肉片をかき集める仕事をしないですむ。それからというもの、時間があれば写真について勉強し、街の写真クラブの講習会にも参加して撮影の基本を学んだ。

レンズの仕組み、被写界深度、絞りとシャッタースピード、夜間撮影やフィルムの選択、鑑識写真に関する用語や隠語は、その場で先輩に頭を下げて教えてもらった。一人で事件現場の撮影ができるまでは、どんなことがあってもがんばろう。先輩刑事の言うことは神の言葉だと思って、骨身を惜しまず何でも引き受けた。

大きな黒いカバンに鑑識の七つ道具を入れて、先輩刑事について、雨の日も風の日も早朝から深夜まで蒲田署管内の事件現場へ臨場する日が続いた。苦労も多かったが、時折楽しいこともあった。

古参の佐藤刑事と臨場する途中、商店街にある寿司屋の店先で先輩の足が止まり、一人で店に入って行った。どうしたのだろう。盗難の届けでも受けたのだろうか。あとに続いて店に入ると、昼前で客は誰もいない。佐藤刑事は落ち着いた様子で店主に「今うちの若い刑事がここの寿司は特別美味しいというのを耳にしたので、一つ二つ簡単に握ってくれないか」と言いながら、「おーいトンちゃん、ここに座ってお茶でもご馳走になれよ」と私を呼びよせた。

佐藤先輩は「昔も今も蒲田はいい街だ」と世間話をしながら寿司が出来るのを待っている。目の前に二人前の握り寿司が運ばれてきた。すると佐藤先輩はすぐに手を出して、それを一つ口に運び、「これはうまい。うちの戸島が言うはずだ」とうなずきながらペロリと平らげた。お茶を飲み干すと、「ごちそうさま。また何か困ったことがあったら電話をちょうだい」と言い残してお金も払わずに店を出て行ってしまった。私は驚いて、先輩に今のは無銭飲食ではないですかと聞くと、「古い刑事は大丈夫、大丈夫」と言いながら気にも留めない様子。私は申し訳なくてしばらくこの店の前を一人では通れなかった。

羽田闘争事件出動！

鑑識の仕事にも次第に慣れ、捜査の流れも少しは見えてくるようになった。それでも写真撮影はあいかわらず苦手で、練習をかねて結婚記念に買ったアサヒペンタックスSPを事件現場に持参した。そんな私を仲間の刑事たちは「戸島は本当にカメラが好きだね」と感心した。

現場で撮影したフィルムは撮影者自身が警察署内にある鑑識係の暗室で現像し、引き伸ばし機で印画紙にプリントする。私も現像処理を一人で何とかできるようになったが、最初の頃は現像液を取り違えたため、画像が消えて素抜けのネガフィルムになってしまい吉田巡査にひどく怒られたことがある。写真の失敗は取り返しがつかない。暗室の中で死にたい気持ちになったことも何度かあった。

一九六七（昭和四二）年一〇月、管轄内の大田区蒲田で新左翼各派による佐藤栄作首相（当時）の外国訪問阻止行動が発生した。一〇月八日から佐藤首相は東南アジア諸国を歴訪することになっていたが、その中にベトナム共和国（南ベトナム）も含まれていた。当時ベトナム戦争の真っただ中で、日本国内では反戦運動が盛んで連日のようにデモが繰り広げられていた。佐藤首相の南ベトナム訪問に反対する新左翼各派は一〇月八日を「一〇・八（ジッパチ）」と呼んで、対決姿勢を強めていた。世に言う第一次羽田闘争である。

当日、新左翼は佐藤首相の出国を阻止するため羽田空港内への侵入を試みた。それを阻止するため警視庁機動隊は羽田町から空港に通じる海老取川にかかる弁天橋、穴守橋、稲荷橋の三つの橋を完全に封鎖した。新左翼は長時間にわたって棍棒や角材を振りまわして暴れた。結果、学生一七人が重軽傷、学生一人が死亡、計七五人が公務執行妨害で逮捕された。

続く一一月一二日、佐藤首相がアメリカを訪問することになり、今度は訪米阻止を目的とする大規模な学生デモが発生した。これは第二次羽田闘争と呼ばれた。反対派学生は全国から集まり、京浜蒲田駅（現在の京急蒲田駅）に続々と集結した。

その日、蒲田署員の多くが警備で重要地点に配置されていたため、逆に手薄になった警察署が学生に襲撃される事態におちいった。その後、学生は国鉄蒲田駅（現ＪＲ蒲田駅）と京浜蒲田駅に集結し、新たな隊列を組んで羽田空港に向けて行進を始めた。このため第一京浜国道と産業道路は大渋滞となり、交通は完全に遮断されてしまった。

私たち刑事課の若い課員の任務は反対派学生の動向監視で、デモ学生と同じ格好をしながら、二人一組で彼らの行動を逐一、公衆電話から本部へ報告した。当時は携帯電話もなく、無線機も使えず、ポケットに一〇円硬貨をジャラジャラ入れながらデモ学生のあとをついて行った。私は首からカメラを提げ、デモ隊の動きを撮影し、身分がバレないように学生とともに気勢を上げながら羽田空港に向かった。

産業道路の空港近くの大鳥居駅まで来ると、機動隊が空港進入路を完全に封鎖していた。デモ隊はこの警備の厚い壁を突破することができず、大きな衝突が夕方まで続いた。このとき初めて学生たちは線路や歩道の敷石を剥がし、砕いて投石を行なった。

先輩刑事と私は機動隊側にいると学生の投石を受け、機動隊からは学生と間違われて殴られ足蹴にされた。身分を明かすこともできず、そのままデモ学生と行動をともにする羽目になり、そのおかげで地方から来た学生たちの話を聞くことができ、彼らの心情を知る機会にもなった。

当時の機動隊はデモ学生の投石を受けても避けるためのジュラルミンの大楯もなく、木製の三〇×四五センチほどの小さな二つ折りの楯とヘルメットだけで身を守っていた。小さな木製の楯では投石から身を守ることはできず、機動隊は第一次羽田闘争を上回る負傷者を出してしまった。隊員はただ学生たちにやられる一方だった。

それでも羽田空港入口にいた学生たちは次第に機動隊に押されて国鉄蒲田駅まで後退した。私たちも撮影しながら学生グループとともに移動して来た。時計を見ると午後六時を少し回っていた。一日中食事もせず腹ペコだが、何とかここまで大きな怪我もなく任務を果たした。

蒲田駅前で学生たちは疲れたのか、休憩の指示が出たのか、みなヘルメットを取り、汗を拭いたりしていた。その合間に同僚の斎藤刑事が近くの公衆電話からデモ隊の動きを本部に報告していると、近くにいた数人の学生が近づいてきた。そのとき気づいたのだが、学生に指示を出す者は別にいて、デモ隊から少し離れたところで普通の服装をしたリーダーが指示していたのだ。

私は異様な雰囲気を感じて公衆電話ボックスにいた斎藤先輩の手を掴んで急いでその場を離れた。すると学生たちが後を追ってくる。蒲田駅前商店街から大田区産業会館のほうに出れば警察署は目の前だが、追っ手をまくために勝手知ったる裏道を走った。

小太りの斎藤先輩は息が上がって苦しそうだが、先輩をおいては逃げられない。「早く、早く」と急き立てるが、見る間に学生との距離は縮まり、バタバタと靴音がすぐ後ろに迫ってきた。「もう駄目だ。これ以上は無理だ」と思った私はとっさに大きな塀のある民家の庭先に飛び込んだ。その途端、庭にいた女性が「あなたたちは何ですか！」とびっくりした様子で声を上げた。私は息も絶え絶えに「蒲田警察の者です…」とズボンの右ポケットから警察手帳を見せるのが精いっぱいで、そのあとは言葉にならなかった。ここで見つかれば二人とも何の抵抗もできない。デモ学生に袋叩きにされるのを覚悟した。その時、その家の奥さんがすごい力で私たち二人を家に引きずり込んだ。土足のまま奥の居間に連れて行くと、押し入れのふすまを開けて中に入れと言う。私たちは押し入れの天井板を外して屋根裏によじ登った。

暗い屋根裏の大きな梁を両手で抱えたまま流れ落ちる汗を拭く余裕もなく、息を殺していると玄関からガラスの割れる音とともに多くの学生の怒声が聞こえてきた。追ってきた学生たちが、逃げ込んだ二人を出せと奥さんに詰め寄っている。奥さんは何も知らない、男たちは家を抜けて裏の川に走って行ったと説明している。だが、一向に騒ぎが収まる様子はない。もし彼らに見つかればただでは済まないだろう。下手をすれば殺されるかも知れない。何の関係もない市民を巻き込んでしまったことを申し訳なく思っていると、さらに学生が集まってきたのか、怒声が一段と大きくなった。その時間はとても長く感じられた。

私たち二人は天井裏の梁の上でじっとしていたが、やがて疲れと空腹からウトウトしてしまった。

どのくらい時間が経ったのか、下の居間から優しい声がした。屋根裏から降りた時には午前零時を過ぎていた。温かいお茶を淹《い》れてもらい、久しぶりの水分を口にして、ひと心地がついた。玄関のガラス戸は割れたままで、デモ学生たちの狼藉の跡が生々しく残っていた。

それでも奥さんはニコニコしながら、デモ学生と対峙した時の凄みのある声ではなく、優しい声で「あなたたちが血相を変えて飛び込んできたので、最初は刑事さんとは思いませんでした。てっきりデモ学生の仲間同士で喧嘩でもしたかと思いましたよ」と言った。

デモ隊から街を守るため、数日前から商店街のシャッターをすべて下ろし、町内会では自警団を組織してパトロールをしていた。そのさなか、この騒ぎを聞きつけた自警団二〇人ほどが集まってくれたので、学生たちは引き揚げていったという。

私たちはあらためて身分を明かしてお礼を述べると、奥さんは笑顔で「うちの主人も皆さんと同じ仕事で、自宅にはこの数日戻っていませんよ」と言うのでびっくりして、話を聞くと、ご主人は警視庁本部の警備部管理職とのことだった。

午前二時頃、ようやく蒲田駅前商店街の裏通りに出た。街は割れたビンや石ころが散乱し、催涙ガスの臭いが立ちこめ、涙が止まらない。至る所にデモの痕跡が残っていた。

空腹でふらふらになりながら蒲田署に戻ると、玄関を警備していた交通係の小林巡査長が目を丸くして、「お、お前たち生きていたのか？　全署員が心配して病院や川の中を探し回っているよ」と安堵の表情を浮かべた。すぐさま警察無線で「行方不明の署員二名の身柄、ただいまの時間をもって確保。以上蒲田から警視庁へ」「警視庁、了解」。張りのある声で深夜の交信が流れた。

この話には後日談があり、私たちがデモ隊に追われているのをほかの私服警察官数人が目撃しており、当時の状況は逐一、警視庁本部に通報されていた。

目撃した警察官は「あの追われ方では、ただではすまないだろうな」と心配したという。実際、この日の衝突で六人の警察官がデモ隊に襲われ、意識不明の重体となり入院した。ほかにも素性がばれて殴られ、命からがら青物市場のゴミ箱の中に隠れて救助された者や、負傷した刑事は多数いた。重傷者の中には、その後、十数年もの入院を余儀なくされた先輩がいたことを記しておきたい。

翌日、私たちは命の恩人のご自宅にお礼に伺った。さらに数日後、警察署の幹部数人も挨拶に出向いたという。

デモ隊から必死になって逃げているうちに、デモ隊の行動を撮影した大切なカメラを失くしてしまった。数日後、落とし物として私のカメラが駅前の派出所に届いたという連絡を受けた。喜んで連絡すると、派出所勤務の巡査は笑いながら、「先輩、もうこのカメラは駄目です。ゴミカメラ、ゴミラですよ」とつれない。

私は「それでもいい。俺の思い出のカメラだ。まだ月賦も数回残っているので本署へ持ってきてくれ」と依頼する。翌日、届いたカメラはボディーはぼこぼこで、レンズはなくなっている。中のフィルムもバラバラにちぎれていた。その変わり果てた姿に涙が出そうになった。もはや修理も不可能で、ただの金属の塊だった。結婚記念に買ったカメラだが、ようやく使いこなせるようになったのに、不遇な最期だった。

東大闘争——三四郎池の水汲み

一九六九（昭和四四）年一月一八日、東京は鉛色の厚い雲におおわれ、小雪がちらちら舞っていた。学生の自発的組織でもある全学共闘会議（全共闘）および新左翼の学生たちが暴力的な手段をともなって東京大学本郷キャンパスと安田講堂を違法に占拠していた。大学側の要請を受け、警視庁は東京大学に出動した。

安田講堂に立てこもる学生に対して機動隊が説得を続けるが、投降に応じる様子はまったくなかった。ついに機動隊は放水車による実力行使を開始し、同時に警視庁航空隊のヘリコプターから散水が行なわれたが、状況は変わらず、講堂を取り囲んだまま二日目を迎えることになった。

広い大学キャンパスを警備するのは大変だった。隊員は交代で見張りにつき、寒い夜に何度も時計を見ながら震えて過ごした。

ようやく交代の時間が来た。次の警備担当に任務を引き継ぐと、待機している大型トラックに戻った。トラックの荷台には幌がかけられ、夜風をしのぐことができた。私が荷台に乗り込むと先輩が「お前はいちばん若いから寒くないだろう。外で休め！」と怒鳴られた。怖い先輩に逆らうこともできず、言われるままに外に出た。どこで休めばいいのか……。

私は数台並んでいるトラックの間で適当な場所を探していると、隣のトラックから別の先輩が、「おい戸島、お前は眠くないのか？　飲み水がなくなったから、これに汲んでこい」と四本の水筒を渡された。先輩に言われるまま、仕方なく水筒を下げて、暗くて広いキャンパスを水道を求めてさまよった。

しかし、なかなか水道のある場所が見つからない。水道のありそうな建物の奥には全共闘の学生がいるので、危なくて入ることができない。トラックから俺を追い出した先輩たちは、いま頃はひと眠りしていると思うとだんだん腹が立ってきた。フラフラ歩いていくと近くで水の流れる音がした。その方向に近づいて行くと、木々の間に池が見えてきた。池には夜だというのに数羽のアヒルが泳いでいた。私はそっと池の水に手をつけると、暗くて水面はよく見えないものの、手がちぎれそうなほど冷たかった。よし、この水ならば大丈夫だろう。アヒルも泳いでいるくらいだから水質もそう悪くないはずだと勝手に解釈して、四本の水筒に水を満たした。

こんな近くに飲み水があることがわかれば、みんなも喜ぶだろう。満タンにした水筒を持って急いでトラックに戻った。「冷たい水を汲んで参りました」と先輩に差し出すと、「おお、この水はどこにあったか？」と尋ねた。私は近くにいい水場がありましたと返事した。トラックの中で仮眠をとっていた先輩たちは次々と回し飲みした。

自分の休憩時間を水汲みに費やしてしまい、休むことなくまた次の見張りについて数時間が経過した。次第に空が明るくなり、受け持ち区域は何事もなく朝を迎えた。交代して待機のトラックに戻ると、荷台の前で数人が集まって何やら騒いでいる。近づくと先輩たちが水筒を手にして、「おい、この水は誰が汲んできたのか？」と叫んでいる。するとトラックの奥にいた者が、「それは戸島が夜中に汲んできた水だ」と声を上げる。私がその場に行くと、「おい戸島、お前がこの水を汲んできたのか」と凄い勢いで尋ねた。

「はい。私が汲んできたものです」と答えると、「これをよく見ろ！」と言ってプラスチックのコップに水を注いだ。すると何やら黒いヌルヌルしたものが水筒から流れ出た。私もこれには驚いて「この黒いものは何でしょうか？」と言うと、先輩たちは赤い顔をして「この野郎、お前が汲んできた水だろうが！」と怒鳴られた。

水筒の水は外気温で冷やされて臭いもしなかったため、数人が知らずに飲んだらしい。私自身は飲まなかったので難を逃れたが、先輩たちは水を汲んだ場所に案内しろと詰め寄ってきた。そこで仕方なく昨夜の池に連れて行った。そこには昨夜と同様、アヒルが鳴きながら泳いでいた。夜は暗くて見えなかったが、明るい中で見て驚いた。中にはデモ学生のヘルメットや旗、椅子や机が投げ込まれ、ぐちゃぐちゃになっていた。しかも前日に機動隊が放水した水がそこに流れ込んだ痕跡もある。

この荒れ果てた池を目にしては何も弁解できなかった。いくら暗闇とはいえ、こんなひどい状態がわからなかったのか、自分でもおかしくなって笑ってしまった。それに怒った二人の先輩がいきなり私の顔を激しく殴りつけた。私は抵抗せずに先輩の鉄拳に耐えた。昨夜からの疲れと空腹もあり、頭がくらくらして、生温かい鼻水が勢いよく口に溢れた。ところが吐き出すとそれは鼻血で、止めどなく足元に滴り落ちた。あわててハンカチを裂いて鼻の穴に押し込む。それでも鼻血は止まらない。口の中も大きく切ったようだ。

トラックに戻ると水を飲んだ先輩たちはお腹が痛いと言い出し、結局、寒風吹きすさぶ東大キャンパスで先輩たちの分まで長時間、警備に立つことになった。あとで先輩たちの腹痛は仮病だったことがわかったが、これも身から出たさびとあきらめた。

後日、このヘドロで汚れた池が、由緒ある「三四郎池」だということを図書館の本で知った。驚いたことに、あの時、三四郎池の水を飲んだ者は全員、昇任試験に合格して、警視庁本部などに栄転していった。所轄に残った者たちは「東大の三四郎池が出世にちなむという話は本当だったんだ。あの時、俺たちも水を飲んでいれば試験に合格したのに……」と、後々まで仲間内で語りぐさとなった私もすぐに警視庁本部刑事部鑑識課に異動が決まり、その後、事件遺体の司法解剖を行なう東京大学病院法医学部にはたびたび通った。いまも病院の真裏に三四郎池があるが、そのそばを通るたびに、当時の無鉄砲で元気いっぱいだった頃の自分がなつかしく思い出される。

警視庁刑事部鑑識課へ転勤

一九七〇（昭和四五）年秋、「一〇月二五日付けで警視庁刑事部鑑識課へ転勤だ」といきなり上司から告げられた。理由を尋ねたが、わからないと言う。

警視庁鑑識課といえば、警視総監が任命した鑑識技能検定上級の資格を有する、指紋・法医学・写真・足跡などの鑑識技術のプロ集団だ。「事件現場の職人」ともいわれ、その過酷な任務は尋常ではないと聞いている。中途半端な気持ちでは、三日ともたない厳しい世界である。

当日、転勤配置辞令書を手に、警視庁本部に転属の申告に行くと係の責任者が眼鏡越しに私を一瞥して、「君が戸島君か、いろいろ話は聞いている。こちらへ来なさい」と言う。手続きを終えて、指示された鑑識課の部屋に行くと、張りつめた空気に思わず足がすくんでしまった。眼光鋭い男たちと、これまで見たこともないカメラの数々。これまでとは別世界に来たようで、ここで務まるのか、不安だけがどんどん大きくなった。

鑑識の写真係は、殺人、強盗、強姦、火災、飛行機や列車事故などの重大事件・事故現場の凄惨な状況をカメラで記録していく。撮影した写真はその後の犯人逮捕や原因究明の大きな手がかりとなる。

現場鑑識の出動は時間や天候に関係ない。たとえ嵐が来ようと、酷寒の深夜の屋外であろうと要請があればただちに臨場する。真夏の六畳一間で腐乱死体の臭気が充満するなか、全神経を集中して現場を記録することも珍しくない。

大きな事件・事故現場では居合わせた誰もが動揺し、騒然とした雰囲気に包まれている。そんな状況下でも鑑識写真係は冷静沈着に残された証拠物を写真に収める。鑑識の中でも写真係に失敗は許されない。二度と同じ写真が撮れないからだ。事件現場で指紋や足跡の見落としがあっても、すぐあとなら採取できる。しかし現場写真だけは少しでも物が移動してしまったら、あとからそれを元に戻して撮影しても、証拠能力を失ってしまう。テレビドラマなどで刑事が鑑識係を差し置いて現場を調べるシーンをよく見るが、これは誤りである。実際は鑑識がすべての作業を終えてから、ようやく刑事たちは臨場することが許される。

鑑識写真は事件現場にいっさい手を触れさせず、そのままの状態で撮影する。人や物の位置、形状、色、季節、天候、時刻などありのままに撮影し、記録していく。後日、犯人が逮捕された時に、犯人の供述と現場の写真が完全に一致しなければ証拠とはならないからだ。

また事件・事故現場は雨や風などの自然現象、人為的あるいは過失などですぐに変化する。長時間その現状を維持することは不可能である。だから事件発生時の状況を正確に記録した現場写真は、その後の捜査で現場の状況を確認する時に不可欠な資料となる。

いきなりプロ集団の一員となった私は、自分に何ができるか不安でいっぱいだったが、鑑識官としてやって行けるかどうかは自分のやる気次第だと心に言い聞かせた。こうして二八歳の私の新しい鑑識人生が始まった。

部屋長の丸山主任が目の前の大型カメラを指さして、「おい戸島、これはお前がこれから使うカメラだ。新しくはないが、なかなかよく撮れるぞ」と言って私に渡した。

現代のカメラは性能もよく、誰でも簡単に撮影できるが、当時のカメラはそうではなかった。渡された大型カメラは一九五八年に東京光学が世に出したトプコンホースマン（四四ページ写真参照）だった。レンジファインダー付きの蛇腹カメラで6×9判のシートフィルムで撮影する。別にロールフィルムもあるが、鑑識課では使っていなかった。現像の容易さと、事案ごとに資料を紙封筒に保管する際にシートフィルムのほうが場所をとらずに便利だったからだ。

トプコンホースマンには露出計は付いていない。レンズが付いた蛇腹を縮め、前蓋を閉じた状態で持ち運び、撮影時は前蓋を開けて蛇腹とレンズを引き出す。重量は二・五キロもある。

高い建物などの撮影でアオリ（垂直面のゆがみを補正する機構）を使う時には一度カメラの裏のフィルムホルダーを外してカメラ裏のピントグラスで焦点を合わせてから再度フィルムホルダーを挿入する。速写性を優先するならファインダーの距離計だけでピント合わせできるが、じっくり撮影するならアオリを駆使して一般のカメラでは表現できない絵づくりもできる。

標準レンズから広角レンズや望遠レンズに交換する際は、レンズの送り出しカムも調整して新たにピントを合わせないとピンぼけになってしまう。いずれにしても撮影には三脚を必要とする。

前述したように、フィルムは一二枚入りのシートフィルムを使用する。撮影したら遮光紙を一枚ずつ順に引き出していく。一枚でもこの順番を抜かしてしまうとそこから先は撮影できない。カメラのシャッターは普通に落ちるので撮影できたと勘違いしがちなので注意が必要だ。とくに夜間などはこれらの手順やフィルムホルダーの引き蓋を確実に抜き差ししないと失敗のリスクが高くなる。

話は戻るが、私が結婚式を挙げたH会館でも同じトプコン製のカメラを使っていた。式場のカメラマンが撮影時に引き蓋を抜くのを忘れて次のシャッターを切ったのが失敗の原因だったと、同種のカメラを取り扱うようになって初めてわかった。

カラー写真はカットフィルムしか使えず、フィルムホルダーに一枚ずつ装塡して差し換えながら撮影する。鑑識課に勤務を始めて一か月後の一一月二五日、東京市ヶ谷の自衛隊駐屯地で三島由紀夫・森田必勝の割腹事件が発生した。私も捜査の一員として臨場し撮影を手伝った。先輩たちがカラーフィルムを一枚ずつ取り換えながら苦労して撮影していたことを今も鮮明に覚えている。

丸山主任からカメラと一緒に照明機材も渡された。現代のようにストロボ光源が普及していない時代は、マグネシウム化合物が使用された。銀色の軽い金属粉でアルミニウムよりも軽く、燃焼する時に強烈な青白い光を発する。

当時、暗くて広い現場を撮影できる写真係のテクニックには神業に近いものがあった。すべての現場写真の撮影は大型のホースマンで済ませていた。複雑な構造の大型カメラを駆使して、警視庁鑑識課写真係はどんな時も、どんな場所でも現場撮影ができる凄腕の集団だった。

初めての現場撮影

怖い先輩たちからカメラの取り扱いと撮影のテクニックを徹底的に叩き込まれ、ようやく一人前の写真係として事件現場へ出動する日がやって来た。最初の臨場は、忘れもしない一九七

○年一二月一八日だった。
その日、昼間は何事もなく、静かに夜を迎えた。事件がなければ鑑識課の事務室で待機だ。その夜は雪が降ってもおかしくないほどの冷え込みだった。夜がふけるにつれて、いつもは慌ただしくなってくるのだが、出動要請はなかった。当直は二個班で、各班二人で受け持つ。早めに仮眠しようと思ったが、相棒のM先輩が厳しく目を光らせているので席を離れるわけにいかない。

午前一時過ぎ、通信司令室から事件の一報が入った。板橋区の志村警察署管内の派出所を何者かが襲撃したとのことだった。私とM先輩は鑑識資機材を収めたアルミ製のケースを手にして部屋を飛び出した。すでに中庭では各現場鑑識班が検証機材を出動車に積み込んでいた。現場鑑識検証班、指紋・足跡班、写真班が揃うと、二台の現場鑑識車両は赤色灯を回転させ、深夜の街にサイレンを響かせて事件現場へ急行した。

首都高の渋滞をぬって現場の上赤塚派出所に約三五分で到着した。周辺は深夜にもかかわらず多くの野次馬と報道関係者で、ごった返していた。私は事件の状況を簡単に聞くと、ケースからカメラ機材を取り出し、撮影準備に入った。

鑑識課写真係として初めての現場、これまでの訓練と経験の成果を見せる時だ。失敗だけはしないようにと、心に念じつつ現場に入る。襲撃された派出所は騒然とした雰囲気に包まれ、

1970年10月、本部の鑑識課に異動し現場写真係となる。トプコンホースマン大型カメラ（右上）を手に臨場する筆者（正面中央）。以来、半世紀にわたって鑑識ひと筋の人生を送るとは当時は思ってもいなかった。

警察官や報道関係者が走り回っている。どこから撮影に入ればいいのかなかなか定まらない。私は心の中で「落ち着け、焦るなよ」と何度も言い聞かせて、カメラを三脚に固定し、近くにいるはずのM先輩を探した。いつもは人一倍うるさい先輩で、上司の前では自分一人で現場指

導をやっているように振る舞う調子のいい人なのに、今夜に限って姿が見えない。

ほかの鑑識課員が野次馬を後方に規制してくれ、なんとか写真撮影ができる態勢になった。屋外での夜間撮影には照明用のマグネシウムを用いるが、寒さと初仕事の緊張で手が震え、教えられていたよりも多くのマグネシウムの粉末を発光器に盛ってしまった。

冷たい北風が吹きつけるなかで私だけが緊張して額から汗が滴り落ちる。すぐ後ろでは現場検証している警視庁の公安係や刑事部の偉いさんたちが、「おーい戸島、何をしている！　早く撮影しろ！」と好き勝手に急き立てる。

私にとって今日が最初の現場だが、誰がなんと言おうと鑑識課のカメラマンは俺だけだ。どんなに急かされても自分のペースで進めていく。本来ならそばで助けてくれるM先輩の姿はない。先輩を探す時間も、「初仕事の新米です」と言い訳する余裕もない。相変わらず額からは汗が滝のように流れ落ちる。

ようやく精いっぱいの大声で「これから現場を撮影します。関係のない者は後ろに下がってください」と叫ぶ。すると刑事部の所属長が「戸島、ここには関係者しかいないぞ。バカ野郎、早くしろ！」と怒鳴り返す。

公安部の幹部や鑑識課長、警察署の幹部たちが見ているのでますます緊張していると、脇にいた課長代理が「何でもいいから早く撮影しろ。寒いのにいつまで待たすんだ」とまた怒鳴られた。寒いのは俺のせいではないのになぜ怒られるのかと腹が立ったが、ぐっとこらえて照明の準備を続けた。

何とか手袋を外し、発光器を左手で高く掲げる。スイッチを押す指先は寒さで力が入らない。その時また「まだか？　早くしろ、バカ！」と怒鳴られた。その途端、スイッチを右手に持ち替え人差し指で押すと、マグネシウムに点火され、同時に「ボーン」と大きな音がして強烈な閃光で一瞬昼間のように明るくなった。

次の瞬間、横にいた鑑識課や公安部の幹部がいっせいに「なんだこの野郎。気をつけろ。写す時はひと言いえ！」とまた怒鳴られた。それもそのはず、マグネシウムの灰が関係者の頭や背広に大量に降りそそぎ、灰が目に入った者は大騒ぎしている。やはりマグネシウムの量が多すぎたようだ。私も眉毛と髪がだいぶ焼けたようで、焦げた臭いがした。

このような撮影を二、三度繰り返すうちに、周りで見ていた人もいなくなり、早くしろと急かす者もどこかへ行ってしまった。これで焦ることなく、自分のペースで撮影を進めることができる。

夜が更けてくると、さらに寒さが身にしみた。もしこれで雨や雪が降ったら、撮影もおぼつかない。だが、その後の撮影は順調に進み、夜明け近くには事件の詳細もわかってきた。

三人の左翼学生が警察官の拳銃奪取を目的として上赤塚派出所を襲撃したが、その場で警察官に拳銃で撃たれ、一人が死亡、二人が重傷で逮捕されたとのことだった（この拳銃奪取計画が失敗したため、翌年二月にその仲間が栃木県にある真岡銃砲店襲撃事件を起こす）。

現場検証は昼過ぎまで十数時間も続いた。警視庁本部に戻ると部屋の先輩と同僚から初現場の感想を聞かれたが、それより撮影した写真が気になり、一目散に奥の暗室に向かった。

急いで現像液を準備してフィルムの現像処理作業を行なう。もし撮れていなかったらどうしよう。ただでは済まない。現像処理の時間は三〇分ほどだが、とても長く感じられた。焦る気持ちを抑えながら小さな赤い電灯に水の滴るフィルムを一枚一枚透かして撮影状況を自分の目で確認する。フィルムには事件現場がすべてきちんと写っていた！　一枚の失敗もなく、ほっとして息を吐いた。中判の6×9フィルムを六〇コマほど現像処理した。独力で無事に成し遂げた喜びで疲れも吹き飛んだ。

暗室から出て、上司に現場の状況を報告すると、すでに朝のテレビニュースで事件の詳細を知っていた。鑑識課の同僚たちは私の顔を見て、どこの火災現場に行ってきたのかと笑いながら尋ねる。「昨夜の警視庁管内では火災発生はない」と返事をすると、周りの者は大笑いして、「戸島は事件現場で焚き火でもして暖まっていたのかと思った」と言う。私はむきになって「昨夜の現場は暖かくてたき火なんか必要なかった」と大声で言い返すと、ほかの部署の者も集まり大爆笑されてしまった。

皆に笑われて頭にきた私は洗面所へ行き、鏡で自分の顔を見て驚いた。右頭部の頭髪が茶色に焼け焦げて、眉とまつ毛は焼けてなくなっていた。熱でチリチリに焼けた髪を見れば、焚き火で遊んでいたと思われても仕方がない。写真係の先輩が笑いながら、風向きを注意しないと自分の顔を焼いてしまうと教えてくれた。

夢中でマグネシウム粉末を用いたポン焚き撮影を繰り返したが、まさか自分が焼け焦げていたとは気づかなかった。髪はかなり焦げたが、初めての現場で失敗しなくて良かったと心から思った。

たった一人で遺体処理

一九七四（昭和四九）年の暮、警視庁鑑識課で勤務して四年目に念願のマイホームを妻の実家に近い千葉県印旛郡四街道町（現四街道市）に建てた。警察学校同期生の友人も近くに家を新築した。ゆくゆくは成田国際空港ができて、交通の便もよくなるといわれていたが、当時は四街道駅から警視庁のある桜田門まで片道二時間近くかかった。

毎朝五時四二分発の千葉行きの普通電車に乗ると、三里塚、富里、八街《やちまた》、佐倉から担ぎ屋と呼ばれる農家のおばちゃんたちが新鮮な野菜や米、特産の落花生などを入れた大きなカゴを背負って乗り込んできた。彼女たちは都心で行商して、夕方四時頃、千葉に戻ってくる。毎朝、乗り換えの国鉄千葉駅の三、四番ホームは野菜市場か魚市場のようで、ホームに商品を並べて、内房線、外房線、総武本線沿線のおばちゃんたちが仲間同士で物々交換している。毎朝、五、六〇人も乗車してくるので車内は大変賑やかで、通勤客や学生は隅の方で小さくなっていた。

私はカメラを手にして元気なおばちゃんたちのスナップ写真を撮りながら通勤した。愛想のいいおばちゃんはカメラを向けるとすぐにポーズをとってくれた。そうした関係が二年も続くと、農家の日焼けしたおばちゃんたちとすっかり顔なじみになり、「兄ちゃんいつもオラたちさ写真ばかり写してよ。オラさたちがなんべーか好きになったたっけー」と八街弁でからかわれた。また「これ喰うべーかー」と言いながら、大きなボタ餅を手渡されたりした。この担ぎ屋のおばちゃんたちとの交流はその後も長く続き、撮った写真を警視庁のコンクールに応募したこともある。

そんなある一二月の寒い朝、いつもよりも一本早い電車で出勤した。車内はまだ担ぎ屋のおばちゃんたちも少なく、空席がチラホラ目についた。

東千葉駅付近で電車が突然、ガタンと大きな音とともに急停止した。木製の椅子に座っていた私も弾みで通路に転がり落ちた。通路に置いてあった乗客の荷物もコロコロと転がった。何が起きたのか。車掌が車内を走って運転台の方に行くと、またすぐに戻ってきた。私はそのあとについて車掌室まで行くと、若い車掌はオロオロしていた。

私が「何かあったのですか?」と尋ねると、車掌は困った顔をして「人が電車に飛び込んだようなのですが、その人がいないのです」と言って、窓から身を乗り出して下を見ている。まだ夜明け前であたりは暗くて何も見えない。私も気になって窓から身を乗り出していると、「あなたは国鉄の者ですか?」と質問された。「国鉄ではないが、警察の者です」と私が答えると、車掌は「一緒に行って見てくれますか」とすがるように懇願してきた。

「いいですよ」と答えて二人で暗い線路上に飛び降りた。電車の最後尾から前方に向かって足元の悪い線路脇を進む。車掌は「何も見えませんね……」と心細げに言う。夜明け前の空気は冷たく、吐く息は白い。運転席まで行くと車掌は安心したのか、運転士に「何もないよ」と報告する。運転士は「さっきの黒い人影は、気のせいだったか」と言ってワハハハと大きく笑った。

私は車掌とともに車輪のすき間を見ながら後方に進んで行くと、二両目と三両目の間に何か黒い塊のような物があるのに気づいた。車両の下に潜り込んで確認すると、それは人の体だった。前を歩く車掌に大声で「ここで人が死んでいる」と伝えると、車掌は「えっ」と叫んで飛び上がった。私のほうを見ないで「どうしましょう?」と言うので、「遺体はこっちですよ」と指さした。車掌は「はぁ」と困惑するばかりで近づいて確認しようとせず、あわてて運転士を呼びに行った。

私は再び車両の下に潜り込むと、両手で車輪のあいだに挟まった遺体を線路脇に引きずり出した。手足が切断されてバラバラになった遺体はまだ温かった。

ようやく全身を引き出すと、運転士と車掌は「そうですか。それが死体ですね」と言うだけで遠巻きにしている。

若い車掌は新人でまだ乗車歴一年たらずだという。私は車掌に遺体の状況から五〇過ぎの男性だと説明した。私は自分のコートから読みかけの新聞を取り出し広げると、遺体の上にかぶせた。管轄の警察官が来るまでここで遺体と一緒に残るので、次の電車が来るから早くこの電車を出すようにと促すと、二人は喜んでお礼を何度も述べながら急いで電車を走らせた。

線路脇で私は千葉県警の警察官と鉄道公安官（現在の鉄道警察隊）の到着を待ったが、早朝なのでなかなか来ない。電車が通過するたびに遺体の上にかけてある新聞紙がヒラヒラと飛んでしまう。そのたびに私は新聞紙を拾い集め、かぶせなおしたが、やむを得ず敷石を二、三個拾って新聞紙の重しにした。その場で待つこと約五〇分、ようやく警察官三人がやってきた。彼らにあとを引き継ぎ、まだ薄暗い線路を歩いて千葉駅まで行くと、駅員や助役、多くの人が感謝の言葉をかけてくれた。

再び東京行きの電車に座ると、冷えきった体も次第に温まってきた。ウトウトしている間に東京駅に到着し、いつもより三時間遅れて警視庁に着いた。職員通用門の入り口で警備の機動隊員に呼び止められ、「どうかされましたか？怪我ですか？」と私の足元を指さした。見るとズボンやコートの裾に大量に血が付着していた。「何も問題ありません」と言って鑑識課に向かったが、車内であまり人が近寄って来なかった理由がようやくわかった。

鑑識課に着くと写真係の課長代理がニコニコしながら国鉄の千葉駅長から連絡があったと教えてくれた。鑑識の係官は死体との付き合いが多く、仏を前にして逃げることもできずに、朝から遺体処置をしてしまった。

航空写真に初挑戦

一九七一年四月、大田区池上警察署管内で凶悪事件が発生した。鑑識課員は現場へ出動し、私は残って事務作業を続けていると、電話が鳴った。出動している係官からで、事件現場の航空写真の撮影依頼だった。現場を中心に犯人の逃走経路がわかる写真が必要だという。

ほかにも数人の課員がいたが、丸山主任が「おい戸島、何をしている。すぐに航空写真の撮影の支度をしろ」と命じられた。それまでヘリコプターからの撮影の経験がなかったので、「えー私ですか」と答えると、丸山主任は笑顔で、「そこにいるのはお前しかいないではないか。俺はお前を指名したのだ」と言った。急いでカメラを準備していると、先輩がたばこをふかしながらやって来て、「戸島、いつも使っているカメラを持って行け」と指示した。言われるままにトプコンホースマンを手にして警視庁航空隊がある江東区東雲《しののめ》（当時）のヘリポートへ急いだ、すでに駐機場には大型ヘリコプター「おおとり2号」が格納庫から出されて私の到着を待っていた。

航空隊の隊長と副隊長に「刑事部現場鑑識課に入りました戸島巡査です」と挨拶をすると、「鑑識さん、挨拶はいいから早く乗れ」と促された。急いで乗り込むと、おおとり2号は一気

1964年、警視庁航空隊が正式に発足したが、当初は航空写真の撮影方法は確立しておらず、試行錯誤の連続だった。

に東京の空に舞い上がった。

東京湾を横断し、大井競馬場の上空を過ぎると、「鑑識さん、そろそろ現場ですよ」と副機長の声がヘッドホンから聞こえた。ハッと我に帰り、今日の任務は現場の航空写真だが、現場はどこだろう？　高度千フィートからでは現場がどこかわからない。ヘリの機長が機内交話装置を通して「現場の位置はどこですか？　早く教えてください」と言う。現場探しも大変だが、大型カメラのセッティングも同時にしなければならない。私は焦った。

大型カメラは蛇腹を引き出し、レンズに合わせたカムを取り付けないと、写真はピンぼけになってしまう。しかも狭い機内でカメラをセットするのは大変だ。

すでにヘリは現場上空で旋回を始めた。同じ位置で長くホバリングをしていると航空法違反になると言われ、大きく旋回しながら私が撮影するのを待っていた。

何とか撮影の用意をして、窓を少し開けると一気に強風が吹き込んできた。手にしたカメラの蛇腹がバタバタと煽られて、レンズが飛ばされそうだ。もし落下させようものなら大変なことになる。しかも現場の確認も思うようにできない。

私は窓を閉めると、機長に少し機体を右に傾けてもらった。機内から現場と思われる地区にあたりをつけて二〇枚ほどシャッターを切ったが、納得のいく撮影はできなかった。あとで話を聞くと、先輩たちも窓を閉めた状態で撮影していたという。

警視庁に戻ると暗室に直行した。撮影済みのシートフィルムを一枚ずつ現像液に入れながら、暗い中、一人、今日の行動を振り返った。

仕上がった写真の半分以上はピンぼけで、露出もまちまちだった。使えそうな写真は数枚だけで、初めての航空写真は失敗に終わった。古参の部長に報告すると、「最初はそんなものだよ」と笑いながら言われた。

航空写真についてアドバイスを求めても、「昔からやり方は変わらない。とりあえず使える写真が写っていればいい」と他人事のようだった。

「おおとり2号」の後部扉を全開にして撮影する筆者。鑑識写真係としてヘリコプターによる航空撮影を得意とした。

これまで先輩たちのやってきた航空写真の撮影方法でいいのだろうか？　もっといい方法があるのではないか？　先輩たちの撮影した航空写真を手に入れては、あらゆる面から見直した。まず、これまで使われていた大型カメラではエンジンの振動が直接伝わり、それがカメラぶれの原因となった。そこで新しい35ミリカメラに変更し、取り回しの良さと機動性を優先した。

35ミリカメラは、大型の6×9カメラに比べて格段に扱いやすい。以来、35ミリを持参して航空写真の撮影に出動した。撮影方法もこれまでのように窓越しからではなく、ヘリの搭乗口の扉を全開し、体を固定して眼下に向けてカメラを構え、全視界の中で撮影する方法を編み出した。カメラのシャッタースピードや露出も試行錯誤しながら撮影した。その結果、いちばん良好なシャッタースピードは五〇〇分の一秒だった。これらの改善により警視庁鑑識航空写真の撮影技術は大きく進歩した。

それ以来、数多くの航空写真撮影をこなすようになった。現場上空に来ると、素早く機長に高度と進路、機体の向きを指示する。「高度二〇〇〇フィート、三時方向、四五度旋回願います」。機長も「OK、三時方向、四五了解」とすぐに返してくれる。

最初の失敗があってから、一九八二年の羽田沖日航機逆噴射墜落事故、一九八五年の日本航空123便墜落事故、一九九五年のオウム真理教地下鉄サリン事件など、これまでに数百件近い事件現場の航空写真を撮影してきた。

この撮影方法はいまも警視庁鑑識課で航空写真撮影担当の後継者に引き継がれている。

三菱重工爆破事件

一九七四（昭和四九）年八月三〇日、午後一二時四三分、突然ドカーンという地面を揺るがすほどの衝撃音が警視庁を襲った。昼休みだったが、私は事務室で電話当番をしていた。誰かが「皇居に飛行機が落ちたか」と叫んだ。急いで警視庁の屋上に上って向いの皇居を見るが変化はない。

さっきの音は何だろう。すると桜田門の交差点を消防車がサイレンを鳴らしながら銀座方面に向かって走っていく。部屋に戻ると通信指令室から丸の内二丁目で爆発があった模様という一報が入った。

現場鑑識の出動要請はまだないが、ふだんは現場に行くことのない課長代理が「トンちゃん、これから丸の内の現場に行くぞ！」と言った。

私はあわててニコンF2カメラとフジフィルム三六枚撮り五本をポケットに突っ込み、丸の内二丁目を目指してお堀端を走った。何があったのか心の準備もなく現場へ向かう。

現場付近からは頭から血を流した男性や血まみれのOLが泣きながら走って来る。タクシーの屋根には氷の固まりのようなものが山と積もっていた。それは窓ガラスの破片で、通りは大勢の負傷者が路上に座り込んだり、倒れている。

私は手にしたカメラで現場付近を撮影しながらさらに進んだ。右側の歩道にある街路樹のいちょうが一本、根本からちぎれたように吹き飛んでいる場所に着いた。ここが事件の起点と見て、課長代理と撮影を始める。

突然、周囲にいた人たちが腕や肩、頭から出血し始めた。原因は落下する窓ガラスの破片だった。風が吹くたびに通り沿いの高層ビルからガラスの破片が舞い落ち、下にいる人たちに時間差で降り注いだのだ。

これが連続企業爆破事件の一つとなった三菱重工本社爆破事件である。東アジア反日武装戦線「狼」と称する大道寺将司らのグループが起こした無差別テロで、何の関係もない通行人八人が死亡し、三八五人が重軽傷を負った。

雪の妙高高原の遺体発掘

一九七七（昭和五二）年一月一〇日、現場鑑識班は新潟県十日町に行くよう指示された。その冬は例年以上に寒く、東京でも雪がよく降っていた。いつものように撮影用機材を車両に積み込み、翌一一日の早朝、捜査一課長の清野力藏警視正の指揮の下、鑑識課長、検死官、現場鑑識班は雪の新潟県に向かった。

今回の事案は、東京で発生した殺人事件の被疑者が新潟県の妙高高原の山中に遺体を埋めたことが判明し、被疑者を連れてその検証と遺体発掘が目的だった

急な出動だったため、警察車両は冬用タイヤの用意がなく、通常のタイヤのままで豪雪の新潟まで車を走らせた。当時はまだ使い捨て携帯カイロなどもなく、衣類をたっぷり着込んで出かけた。

冬用対策のないまま八台の車を連ねて現地へ急ぐが、群馬県に入ると国道は雪で覆われていた。何度も小休止しながら走ること七時間、県境に近い猿ヶ京まで来ると、目前に谷川岳の山並みがそびえていた。三国峠に差しかかると積雪はさらに増え、路面の凍結状況を確認しながら徐行運転で進む。緊張で運転する刑事たちは目の色が変わっていた。

一方、被疑者は車内でのんびり居眠りしている。この深い雪では遺体は見つからないだろうとタカをくっているのかもしれない。東京を出てから食事休憩もなく、夜になってようやく新潟県警の十日町警察署に到着した。

翌日の打ち合わせをして、一行は民宿に分宿し、翌日に備えた。翌朝、まだ暗い中、雪に降られながら遺体を埋めたという妙高高原の山頂付近を目指した。十日町警察署の刑事一二人も

応援についてくれた。その中には管区学校の研修時に同期生だった五十嵐巡査部長がいて、いろいろと気遣ってくれた。五十嵐巡査部長は所轄の鑑識資機材も用意してくれた。

深い雪の中、被疑者を同行し山奥まで進む。現場付近に到着し、被疑者が車から降りる。その青白い顔は、寒さのせいか、それとも当時を思い出しているのか震えていた。両手首には冷たい手錠がはめられ、手を動かすたびにガチャガチャと金属音を立てる。その男が指を差し出し、確かこのあたりだと目の前の林を示した。そこには数十本ほどの樅《もみ》の木が雪に埋もれていた。

1977年1月、酷寒の妙高高原で遺体の発掘を行なう。雪面には樅の木の先端がわずかに出ているだけで、根元まで人力で掘り進めた。

被疑者が示す方向はすべて同じような風景で、とくに目印になるようなものはなかった。それでも被疑者が遺体を埋めたという一本の木の先端に赤い布を付け、それを起点として周辺を掘り返すことになった。

異常なほどの積雪で、思いもよらない大仕事だった。警察官の数は三〇人ほどで、人力では何日かかるかわからない。豪雪地帯での遺体捜索は不可能で、春の雪解けまで待たないと無理だと言い出す者もいた。

地元の警察官の一人が知り合いの消防団員に応援要請の連絡をしてくれた。急な依頼だったが、それでも二時間もすると五〇人ほどの若者たちが駆けつけてくれた。消防団員の着ている半被《はっぴ》には黒地に白字で十日町と記してあり、赤い横線が大きく入っている。元気な若い消防団員の加勢でわれわれの意気も上がった。みるみるうちに樅の木が姿を見せ始めた。雪に隠れていたが一五メートル以上もある大木だ。

雪を掘り始めて四時間経過したがまだ地面は見えない。昼食はカチカチに凍った握り飯と冷たい水ですませた。休むと体が冷えてくるので、全員が休むことなく遺体の発掘を続ける。だが雪を取り除く一方で、さらに雪が降り積もる。午後二時の気温は零下一三度。総員八〇人の力が勝つか積雪が早いか、時間との戦いだった。無駄口をたたく者もなく、黙々と雪を掘り起こす。

作業中に十日町警察署の五十嵐巡査部長が顔色変えて私の所に来た。アサヒペンタックスのカメラがまったく動かなくなったと言う。そこで私は予備のカメラを貸すことにして、リュックサックの中のカメラを渡した。

五十嵐部長はニコニコしてカメラを受け取ると、「戸島さん、このカメラも駄目ですね」と言う。驚いて自分で確認するが、やはり駄目だった。背中に冷い汗が流れた。

私が持って来たもう一台のカメラもまったく作動しない。これまで経験したことのない事態だった。新潟県警と警視庁の鑑識専用のカメラいずれもが使用不能におちいっている。

原因はこの寒さにあった。カメラは氷点下になるとバッテリーが下がり作動しなくなるというのを聞いたことがある。まさかここでそれを経験するとは思ってもいなかった。私は寒冷地での撮影の心構えが甘かったことに後悔した。

ふと前を見ると、作業中の鑑識係官の帽子のつばに何と氷柱《つらら》が下っている。動いているにもかかわらず、帽子に氷柱が下がるとは驚いた。よく見るとほかの者の帽子や肩にも氷が張り付いている。それほど寒いとはいえ、写真撮影できなければ仕事にならない。ここにきて事件現場の証拠写真が一枚も撮影できないとなると一大事だ。

私は手にしたカメラからレンズを外すと、冷えたカメラのボディーを直接素肌に押し付けて温めることにした。氷のように冷たいカメラが肌に触れると刺すような痛みが走る。まるで氷の固まりを抱いているようだ。何としてもカメラの機能を回復させて、現場の状況写真を撮影しなければならない。五十嵐巡査部長は、撮影をあきらめたようだ。

午後三時を過ぎ、現場で作業をしている者たちに焦りの色が見え始めた。事件現場立ち会いの東京地検の検事さんが、作業している地元の消防団に頭を下げて、「すみません。スコップを貸して下さい」と頼んでいる。検事さんは借りたスコップで慣れない手つきで雪かきを始めた。

ガタガタ震えながら朝から現場の様子を見ていた検事さんも、寒さのあまり体を動かせば少しは暖かくなると思い、生まれて初めての雪掘り作業を買って出たという。周囲の者たちはそれを聞いて大笑いした。

ついに現場は周囲三〇メートル、深さ一五メートルほどの大きな窪地ができた。穴の底に立つと開始前に付けた目印の赤い布ははるか上だった。大木の幹の太さも大人二人が手をつないでようやく届くほどだった。

午後四時、雪を掘り返すこと八時間あまりで、ようやく地面が顔を出した。そしてついに遺体の一部を確認することができた。

「おーいトンちゃん、カメラ！」。現場の最高責任者である清野捜査一課長の気合いの入った声が聞こえた。清野課長は仕事には大変厳しい人だが、面倒見のよい親分肌でもある。私は警視庁鑑識係官で過ごした三六年間、戸島ではなく「トンちゃん」というニックネームで呼ばれることが多く、当時の野田警視総監や警察庁の佐藤刑事局長からもそう呼ばれていた。

　捜査一課長の声で私は素肌に当てて温めていたカメラを取り出すとレンズを装着し、震える手でシャッターを軽く押してみた。だがカメラは反応しない。もう一度祈る気持ちで静かに押すが、やはり駄目だった。

あまりの寒さにカメラのバッテリーも動かなくなり、カメラを素肌に押し当てながら撮影の出番を待った。

「トンちゃん何をしている。早く来い！」と怒鳴る声がする。

　焦った私は凍ってバリバリになった防寒ジャンバーも作業着も脱ぎ捨て、カメラを肌に押し付け、再度シャッターを押す。寒さは感じないが、興奮して両手の指先が震えて止まらない。これで駄目なら現場鑑識課員を辞する覚悟で、力強くシャッターを押すと、かすかな反応が指に伝わった。「おおっ！少し動いた」。素肌で温めたおかげだ。「いま行きます！」と声をあげ、手にしたカメラに願いを込めて、遺体の発見された現場へ駆けつけた。

現場では雪を完全に取り除き、遺体が確認された場所に標識を立て、私が来るのを全員で待っていた。

なかでも最高責任者の清野課長は、私の姿を見て、「おいおい、トンちゃん。何をしていた？　呼んでも来ないと思ったら風呂でも行っていたのか？　この寒さのなか、そんな格好で、狐にでもだまされたのか」と大笑いされた。

零下一三度の山中を下着姿でカメラを手に走り回っている姿があまりにも可笑しかったらしく、周り者たちも声を出して笑った。カメラを素肌で温めていたことを説明する余裕も、衣服を着る間もなく撮影を続けた。好きでこんな格好しているのではないと思いながらも、遺体が掘り出されていく状況をカメラにおさめるのに夢中だった。現場の状況証拠として七四コマの写真を無事に撮影することができた。緊張していたせいか、その後、風邪をひくこともなく、暗くなった妙高高原をあとにした。

つらい別れ

夕暮れの空が西向きの病室を赤く染めていた。遠くに富士山が墨絵のように優雅な姿を見せている。突然後ろから声がした。

「お父さん、私は近いうちに退院しますので、明日は日曜日だから、ひさしぶりに富士山にでも行って写真を撮って来たらいかがですか?」

その妻の小さな声にはっとして私は我に返った。

妻の寿子は国立千葉東病院で看護師長として、また看護学校の指導者として頑張っていた。自宅で仕事の愚痴は決して口にしなかった。

ある日、「最近、疲れて仕方がないの。私の行っている病院で調べてもらうわ」と笑顔で言った。

一九九四年三月二六日。妻が入院して一か月がたったその日、警視庁での勤務が宿直明けだったので早めに病院に寄ることができた。明日は日曜日で休日だ。私の心は妻の「近日中に退院する」という言葉を信じ、ひさしぶりに富士山に出かけようと思っていた。

面会時間の終わる前に病院を出て自宅に戻った。押入れからカメラを取り出し、心は早くも富士の裾野に飛んでいた。

そのとき突然、埼玉県入間基地の航空自衛隊に勤務する長男の寿雄が帰宅した。私は驚きながら「どうしたんだ？」と尋ねる。

「いや別に。ただ母さんが入院したっていうので……。たまには顔でも見せようと思って」と笑って言った。

すると、三〇分もしないうちに山口県防府基地に勤務する次男の紀孝も帰宅した。二人の息子に「お母さんは来週には退院するよ。だから俺は明日、富士山に行くからな」と言った。

ひさしぶりの再会に焼酎を取り出して乾杯した。長男は冷蔵庫を開けて酒のつまみを探すが、「何も入っていないな」とぶつぶつ文句を言う。

「当たり前だ。いまは一人きりだからな……」私は言葉少なに答えた。

かたわらには撮影機材を入れたバッグが置いてある。息子たちも明日の撮影については何も口にしない。夜もふけ、酔いも回ってきた。そのときなぜか私は言った。

「よし。俺も明日はお前たちと、お母さんのお見舞いにつき合うよ」

息子たちは互いの顔を見合ってから「親父、いいよ。病院には俺たち二人で行くから」と言った。私は用意したカメラバッグに未練を残しながら、「富士山はいつでも行けるさ」と父親らしいところを見せてしまった。

翌朝、息子の声で目が覚めた。

「親父、飯を準備したぞ」

私は顔を洗いながら、こんなとき、母親がいてくれれば朝食を用意してくれたのにと息子たちに申し訳なく思った。

長男が押入れからアルバムを引っ張り出して見ていた。横から覗き込むと妻の写真だった。次男も加わり、同僚の看護師と並んでいる写真に見入った。

「お母さん、若いよな」

「そんなものを見てないで、早く見舞いに行くぞ」と急き立てた。

私の運転する車に息子たちが乗り込む。しばらくして千葉市内に入ると、ふだんはまったく気にならない葬儀屋の看板がやたらと目についた。そのことを息子たちに言うと、葬儀屋の看板なら「ここにもある。あそこにもある」と、次男が身を乗り出して看板を指さす。なんだか車内に重い空気が流れ、病院に着くまで誰も口を開かなかった。

息子たちはベッドに横たわる妻に向かって「お母さん、元気そうだね」と声をかけた。妻は息子たちの姿に精いっぱいの笑顔をつくり、「よく来たね」と短く応えると、涙が目尻を伝ってこぼれた。

私は、妻と二人の息子たちの会話を少し後ろから聞いていた。長男が上着のポケットからクシャクシャになった茶色の封筒を取り出すと、ていねいに伸ばして、「これで好きなものでも食べてよ」と言った。

妻は封筒を受け取りながら大きく頷いた。妻は細くなった手でしっかりと息子たちの手を握って、「ありがとう」と、二度ほど言って深く息をついた。

しばらくして私と息子たちは病室をあとにした。

「お母さんのことは心配しないで、明日から仕事、頑張れよ」と話しながら駐車場に向かった。

蘇我駅近くまで来ると、大きな葬儀屋の看板が目に入った。私は車を停めるとふらふらと店に入った。店には黒服の六〇歳前後の男性がいて「何かご用ですか」と聞いてきた。

私は、何も答えられないまま車に戻ると、息子たちは「親父、考えすぎだよ。体に悪いよ」と心配して声をかけてきた。

私はそれには答えず、蘇我駅で二人を降ろすと、自宅に戻った。

しばらくして電話のベルが鳴った。受話器を取ると聞き慣れない女性の声がした。

「戸島様のお宅ですか？」

「はい、そうです」

すると女性は急に上ずった声で一気に話し始めた。

「婦長様の様子がおかしいので、すぐに病院に来て下さい」

その先のことを聞くのが怖くて受話器をすぐに置いてしまった。

あわてて病室へ駆けつけると、そこは昼間の光景とは一変していた。五、六人の看護師が忙しそうに出入りし、普段着の女性も数人混じっていた。私は妻の手を握りしめた。

二二時一〇分。突然、バイタルモニターの電子音が消えた。まわりにいる看護師たちはいっせいに顔色を変えて立ちすくんだ。担当医はそれまでかけていた眼鏡を外し、私に向かって黙って頭を下げた。

私は担当医と看護師さん一人ひとりに「いろいろとありがとうございました」と挨拶した。職業柄だろうか、自分でも驚くほど冷静だった。

ようやく息子たちも連絡を聞いて駆けつけて来た。変わり果てた母親の手を取り、呆然としている。息子たちの心情を察すると、いたたまれない気持ちになった。

同じ病院で看護師をしている妹の道代も駆けつけ、突然の訃報に周囲をはばかることなく号泣した。

看護師の寿子は投薬の種類などから、自分の死が近いことを知っていたに違いない。それなのに富士山に行くよう勧めてくれた妻の心を思うと胸が締めつけられた。

葬儀屋は昼間立ち寄った店と決めた。店はまだ明かりがついていて同じ男性が葬儀用具の片づけをしていた。私の気配を察して仕事の手を止めると、男性は目を丸くして「おや、昼間の

看護師長を務めていた妻の寿子。急に体調を崩し、還らぬ人となった。

旦那さん。何か忘れ物ですか」と声をかけてきた。

「いえ、これからお願いしたいんですが……」

すると、すぐに電話で社員を呼び、車に柩を積んで深夜の病院に向かった。

病室で妻を見た男性は驚いて言った。

「仏様はこの病院の婦長さんではないですか」

そして部屋を出て携帯電話で誰かと話し始めた。

それから二〇分もすると若い社員がもう一つの柩を運んで来た。妻一人なのになぜ柩が二つなのかわからず、男性に尋ねた。

「婦長さんにはうちの葬儀店は大変お世話になったんです」と言いながら手を合わせて拝んだ。新しく用意された柩は特別よいもので、当社の気持ちです、と言われたが、特別の柩といっても亡くなった寿子が戻るわけではなく悲しさだけがつのった。

葬儀には多くの警察や自衛隊関係者、病院関係者、町内の人々が参列してくれた。やがて葬儀も終わり、二人の息子もそれぞれの職場に戻って行った。翌日から遺骨と私の二人だけの生活が始まった。身の回りのことをする気にもなれず、食事も不規則で、ぼんやり時間が過ぎていった。

ふと妻が入院の際に預けたバッグが目に入った。中には預金通帳、印鑑、貴金属数点、看護師時代の写真、私の制服姿の写真、布に包まれたカセットテープ五本が入っていて、それぞれに小さく手書きの説明が付けられていた。

カセットテープを再生してみると、突然、妻の元気な声が流れてきた。「お父さん元気ですか」。私は死んだ妻の声に飛び上がって驚いた。「私がいなくても一人で頑張りなさいよ」。そして、食事や洗濯のこと、風邪を引いたら飲む薬のこと、貴重品のことなどが、まるで小学生を相手にするように事細かにテープに録音されていた。さらに妻が好きだった演歌まで流れてきた。

妻の歌声を聴いていると元気な頃の姿が目に浮かんだ。そしてバッグの底に白い封筒があるに気づいた。中を見ると妻からの手紙だった。

国雄さんへ
お寿司をありがとう。あなたが買ってきたお寿司をひとついただいてお手紙を書いています、食欲のない私のために、いつも好物のお寿司を買ってきてくれてありがとう。それさえも食べられない時もあり、そういう私をみて「食べなければ面会に来ないよ」と叱咤激励してくれるあなたの気持ちに応えたくて頑張って頑張って少しずつ食べました。

あなたには話していないけど、先生も違う病名で告げて下さっているけど、わたしは白血病で、その治療を受けていいます。看護婦ですもの、点滴の内容と、くすりの名前を見ればわかります。その副作用で食べられずにいますが、あなたの励ましに支えられて、耐えて頑張っています。でもどこまで頑張れるかわかりません。

来るべき時が来たときのために、あなたにお手紙を書いています。写真の好きなあなたと、食道楽の私は、週末の休みが合えば必ず小旅行にでかけましたね。景色を楽しみ、あなたは写真をとり、私はお土産物屋さんを巡り、その土地の名物料理を探しては、ふたりで美味しくいただきましたね。関東一円の地図が頭に入っているあなたの運転でいろんなところに連れて行ってもらったわね。

ある時、ここまで来ればあとはまっすぐでいいからと言われ、あなたと運転を代わり、あなたは仮眠しました。高速道路を緊張して運転しましたが、どこのインターをおりるか聞かなかったのでひたすら運転して、あなたが目を覚めた時は東北でしたね。今思いだしても笑いがこみあげます。思い出を本当にありがとう。ふたりとも仕事があったから遠出はできなかったですね。今度生まれ変わったら北海道や沖縄など遠出したいですね。

仕事が大好きなあなたは何ごとにも全力投球で、どこに行ったのか連絡もなく、二〜三日経ってひょっこりと帰って来て、「あら　どこに行ってたの」という時も、度々ありましたね。そういうあなたのことを「あれだけうちこんでいるから、きっと、そのうちぽっくりといくよ」と友人に話していましたが、まさか、そういう私がこういう形で人生の終わりを迎えようとは思いもしませんでした。極楽とんぼのあなたが帰って来て羽を休めるところでいつも待っていたかったのに、それがあたりまえと思っていたのにごめんなさいね。

ふたりの子供が気がかりです。

寿雄と紀孝のことを、どうかどうかよろしくお願いします。みんなが幸せで元気でありますようにいつも見守っています。

二八年間の結婚生活いろいろありましたが幸せでした。

国雄さんありがとうございました。

私の分まで生きてください。寿子
三月一二日

第2章　タイ国家警察局科学捜査部

タイ国警察へ鑑識指導

長年苦労をかけた妻の寿子が突然、病に倒れ、還らぬ人となって数か月、失意に沈む私を見かねた上司が海外赴任の話を持って来てくれた。

一九九五（平成七）年、警視庁刑事部鑑識課で勤務していた私は警察庁に派遣され、そこでJICA（国際協力機構）国際協力専門員の試験を受けて合格した。警察庁に在職しながらJICAの専門員としてタイ国家警察局科学捜査部に赴任することが決まった。

警察人生三八年のうちで三六年間を刑事部現場鑑識一筋で過ごしてきた私には、どんな困難

最愛の妻を亡くし、失意に沈む筆者の背中を押して「タイ行き」を応援してくれた恩師・田宮榮一元捜査一課長。

な現場であっても鑑識活動をやり遂げてきた自負がある。実はそのきっかけをつくってくれたのが、警察学校入校時の教官である田宮榮一氏である。

田宮氏は鑑識課長、捜査一課長、警視庁警察学校長を歴任し、退職後はテレビの解説者としても活躍された。警察学校では勉強はもちろん、人間としての生き方を厳しく教えられた。厳しいだけではなく、時には授業中に東北の民謡を聴かせてくれたり、学生の悩みの相談に乗ってくれた。常に現場の最前線に立って来られた田宮教官の熱血指導は、頭の悪い私にもよくわかり、知らぬ間に警察官の心構えが叩き込まれた。

タイ警察に日本の鑑識活動の指導に行く

ことが決まり、田宮教官に報告に行った。教官は眼を細めて喜んでくれたが、「日本の警察を代表してトンちゃんが行くわけだな。でも、これまで海外派遣された者は二人一組だが、一人で大丈夫かな……」と心配された。私も初めての海外赴任で心細かったが、教官の前では笑って、「知らない国でも一人で大丈夫です」と元気に返したが、内心は不安でいっぱいだった。

いよいよタイに発つ日が近くなった頃、先行きを心配してくれた田宮教官が銀座の高級料理店で壮行会を開いてくれた。美味しい食事のあと、教官は得意の石川さゆりさんの「風の盆恋歌」を唄って聴かせてくれた。教え子の私にとってはこの上ない旅立ちの応援歌となった。

出発当日、多くの人たちが空港まで見送りに来てくれた。「今の私の気持ちは、紙飛行機のようなものです。手を離れると、風まかせで、どこまで飛ぶか、どこに落ちるのか……。私の人生はすべて風まかせです」と言葉を詰まらせながら挨拶すると、留守を預かる妹の道代に別れを告げて機上の人となった。

タイに着いた私は田宮教官に手紙を送り、「この灼熱の大地で、一度しかない人生を燃え尽きる覚悟で取り組みます」と決意をしたためた。

それから途中二年ほど日本に帰り、警視庁を定年まで勤めたあと、再びタイ警察に請われて、現在に至るまでタイ国家警察の現場鑑識課に在籍している。階級はタイ国家警察大佐（タイ国家警察は行政上、準軍事組織に位置づけられており、巡査クラス以上の下士官、士官相当の警察官は「警察」を冠した軍人と同じ階級呼称を用いている）である。その間、多くの警察士官学校の学生や幹部候補生に鑑識捜査を指導してきた。その指導方法は私が田宮教官から学んだ教え、そのものであった。当初教えた学生たちも今や全国の警察署の署長クラスに昇進している。

これまで田宮教官は自分の教え子の様子が心配なのか、五回もタイ警察まで激励に来てくださった。当時、タイ警察の人事監察官だったサワン将軍は日本の警察学校に留学した経験があり、そのとき田宮氏と同期だったという。

そのサワン将軍は私のいる執務室にしばしば立ち寄り、「トジマ元気か？　タイの食事は口に合うか？」と心配してくれた。そして最後に決まって「郷に入ったら郷に従えだ」と日本語で言って部屋を出て行った。日本では聞き慣れた言葉でも、異国で、しかもタイの将軍に言われると、言葉に重みを感じた。

使えない英語

西も東もわからないタイでの新生活は、言葉と地理がわからず、苦労の連続だった。ＪＩＣＡの専門員は車を持てるとのことで、さっそく車と運転手を確保した。

手に入れた車はトヨタカローラの中古車で、運転手は最初の一か月は問題なかったが、次第に迎えにくる時間も適当になり、出勤時刻に間に合わないこともあった。車はほこりだらけで洗車もしない。送迎後は車を置いて帰宅する約束だったが、それも守らず、朝、車に奥さんと子供を乗せてくる始末。挙げ句の果てに、正月に無断で数百キロも離れた田舎に車で出かけて戻ってこなかった。そんな有様でこの運転手は三か月でクビにした。

言葉は日本で数か月、英語の特別研修を受けて、何とか初歩的な会話はできるようにしてタイにやってきた。だが、市内では英語がまったく通じなかった。後日、日本大使館員にその話をすると、日本の英語はアメリカ英語でフィリピンまでなら通じるが、タイはイギリス英語でイントネーションがだいぶ違う。英語は空港やホテルなら何とか使えるが、一般市民相手では使えないと説明された。あれほど真剣に英語を覚えたのに狐につままれたようだ。

そんな状況だったので、警察の中の人間関係もわからず、誰からも相手にされず、事件現場へ行くこともできなかった。ただＪＩＣＡへ提出する活動報告書を作成する日々が続いた。

それでも月日が経つにつれて、周囲の動きが見えてきた。知らないタイ語が出て来るとノートにとって勉強するうちに、日常会話は少しわかるようになってきた。中途半端に英語で話すより、やはりタイ語のほうが早い。警察幹部は英語を話せるが、下士官クラスはタイ語しかわからない。派遣されて半年もするとバンコク市内の地理にも慣れ、自分で運転してタイ警察に出勤していた。

ある日、ＪＩＣＡの知り合いから元日本大使館公使の運転手を紹介された。元運転手のノイは四二歳で、奥さんと幼い娘が一人、生活態度も真面目だというので雇うことに決めた。

ノイは誠実で、毎朝三〇分前に来て、車を磨き、車内も掃除して玄関で私を待っている。ふだんは無口で酒もタバコもやらない。仕事が終わると車は私の宿泊しているアパートの駐車場にきちんと置いて帰宅する。よい運転手に出会えたことで毎日感謝していた。

当時は日本からの来訪者も多く、月に数回は空港に出迎えに行った。そんな時、ノイは朝から張り切っていた。車をピカピカに磨き、ノリの効いた白いワイシャツに、アイロンのかかったズボンで身なりもきちんと清潔にしている。日本からの客の荷物も積極的に運び、よく気がつく性格で、チップもそれなりにもらっていたようだ。

ほかの雇い主は運転手と食事などはめったにしないが、仕事が終わるとノイを夕食に連れて行ったりした。

毎年四月、タイの旧暦の正月（ソンクラーン）に行なわれる水かけ祭りは、都会にいる人たちの多くが帰郷するため、祭り前後の週はバンコクでは盗難事件や強盗事件が多発する。久しぶりに田舎に帰るのに手ぶらでは体裁が悪いから、そのための資金調達を目的に犯罪が増えるのかもしれない。

運転手のノイも田舎に帰省するというので、両親と兄弟たちへのお土産代としていくらか現金を渡すと大喜びした。そして、ぜひ私を田舎に連れて行きたいと言う。私もタイの田舎の様子に興味があったので、厚意に甘えてノイに同行することにした。

ノイの実家はバンコクから北に四五〇キロの山岳地域にあった。こんな所に人が住めるのかと思うような山奥で、周囲は密林で、高床式の一軒家がノイの生家だった。木製の高い階段を上ると、床も壁もすべて木造で、窓にガラスはなく、木の枠だけ。床板は厚いチーク材で、等間隔で三センチほどの隙間が空けられ、そこから涼しい風が吹き上げてくる。

部屋には大勢の人たちがノイの成功した姿を見ようと待ちかまえていた。親族以外に近所の人まで集まっているという。

ノイの母親が冷たい水を振る舞ってくれた。タイではどこの家でも最初に出されるのは水である。ノイは故郷のみんなに歓待されて幸せそうだった。彼は家族の中でいちばんの出世頭だ。バンコクの話に盛り上がり、自慢の携帯電話を見せると家族たちは目を丸くして驚いていた。携帯電話で知人に長距離電話を交互にかけまくり、バッテリーがなくなるまで遊んでいた。私が差し入れたビールやウイスキーを飲みながら、みんなで時間も忘れて楽しんだ。私もタイの田舎料理を満喫し、異国の家庭の雰囲気を心ゆくまで味わった。

高層ビル火災の現場検証

家族のように親しくなったノイは事件現場にもよくついてくるようになった。それでも殺人事件の現場だけは決して近づこうとせず、いつも遠くに車を停めた。ノイにどうして現場に来ないのかと尋ねると、「霊が怖い」と言う。これまで何度か警察の若い連中から凄惨な現場写真を見せられて恐ろしくなり、殺人現場はいやになったらしい。

ある日、バンコクの高層ビルの建設現場で火災が発生した。われわれ警察現場鑑識班は火災の原因究明のため出動したが、現場はビルの三八階だった。建設中のためエレベーターが使えず、資材搬送用のエレベーターも火災で使用不能だった。われわれは火災現場用の重い長靴を履き、鑑識資機材を肩にかけながら、急な階段を登り始めた。ビル内は電源も切れて真っ暗。しかも温度計の針は四六度を指している。一〇階を過ぎる頃には、十数名の捜査官たちも全員ふらふらで、話す気力もなかった。三〇階近くになると酸欠で倒れそうだ。

ようやく火災現場の三八階にたどり着く。全員が頭から水をかぶったように汗でびしょ濡れだった。現場検証中も汗は止まることもなく滴り落ちる。外の風にあたろうと屋上に出ると、四三度の外気温が涼しく感じられた。

焼け落ちた工場で出火原因を被災者に説明する筆者。現場に臨場して所轄の警察官らに日本の鑑識技術を実地に指導した。

現場検証中に運転手のノイが顔を真っ赤にして登ってきた。途中で捜査官たちのヘルメットや衣類、シャベル、バケツなどを預けられて、必死にここまで持って来たのだ。現場の捜査官たちはノイの頑張りを拍手で迎えた。

検証の結果、現場に火の気はなく、原因は放火とわかった。その後の調べで、現場雇用主と作業員の金銭トラブルが原因で放火されたことが明らかになった。

気まぐれなトチャイ将軍

トチャイ将軍（通称チャンコー）からの電話で、「明日は俺と一緒に出かけるからどこにも行くなよ」と念を押された。私は「事件があればそちらを優先します」と答えると、「馬鹿野郎。どうしてそんなに現場が好きなんだ。若い者に任せればいいだろう」と怒鳴られた。

翌朝、執務室にいると将軍の伝令が迎えに来た。事務処理を中断してトチャイ将軍のもとに行くと、胸にたくさんの勲章をぶら下げた制服姿の将軍がタバコをふかしながら待っていた。「どこに行くのですか?」と尋ねても、将軍は「うるさい早く車に乗れ!」と急かして私を後部座席に押し込むと、自分は助手席に乗った。トチャイ将軍は気まぐれで、これまでも途中で車から降ろされたり、散々な目に遭わされてきた。

車はバンコク市内の高級ホテルに入った。車を降りるとボーイが豪華なホールに案内してくれた。そこには正装した大勢の人が将軍を待っていた。いつもは口うるさい奥さんも今日はおとなしく、きらきら光るシルクの民族衣装に金とダイヤのネックレスで着飾っている。ようやくここが将軍夫妻の娘の結納の会場であることに気づいた。

テーブルには金の指輪や首飾り、ルビーなどの宝石類が蘭の生花に飾り付けられていた。どれもかなり高価なもので、庶民にはとても手が出ない高級品だ。相手の男性は華僑で、親族も大勢集まり、みな金持ちに見えた。トチャイ将軍も上機嫌で笑顔を振りまいている。それにしても何の関係もない私がなぜ呼ばれたのかわからない。

日本の警察学校に留学した経験を持つトチャイ将軍。常に拳銃を携行し、容赦なくぶっ放す型破りな将軍だった。

しばらくすると将軍は相手の家族の前に私を連れて行くと、「この男は日本人の警察官で、俺の後輩だ」と紹介し、「おいトジマ、俺のことをここにいる皆さんに話して聞かせろ」と話を振られた。

「将軍閣下は、日本の警視庁へ留学生として来日され、警察学校七二七期生です。私はその後輩で七四一期生です」と話し始めると、横から将軍が「千代田区九段の旧近衛兵師団の宿舎で過ごした冬は寒かったね」と割り込んできた。私が「はい、そうです」と答えると、将軍は当時を懐かしむように目を細め、「千代田の森の深みどり……」と警察学校の校歌を歌い始め、お前も歌えと言い出した。

歌い終わると「今日はごくろうさん。忙しそうだから、もう帰って事件現場へ行きなさい」と優しく言う。また、やられた。将軍は相手の親族に日本に留学したことを自慢したくて、私を連れてきたのだ。しかも豪華な料理を前に帰された。

消えた運転手

自分の名刺が少なくなったので運転手のノイに千バーツ持たせて、いつものマーブコロンのデパートの名刺屋へ注文に行かせた。その日に限って、ノイはなかなか戻って来なかったが、私は会議があるので警察署を出た。翌日、名刺が出来上がり、釣り銭がいつもより少なかったが、値上げしたのかと思い、あまり気にしなかった。

数日後、日本からの知人を空港に迎えに行くと、チップを受け取る際にノイが私と同じ肩書きの名刺を渡したので驚いた。その後、日本から妹夫婦が子供連れでやって来た。ノイは手早く皆の荷物を車に運び、チップを受け取った。夕方に妹夫婦たちと食事に行くと子供の一人が「おじさんは入れ墨をしている人と仕事をしているの」と聞かれた。ノイは両腕に派手な彫り物を入れていた。

レストランを出ると、いつもは表で待っているはずのノイがいない。携帯電話で呼び出すと近くにいるようだが、姿が見えない。周りをよく見ると、ちゃっかり店の片隅でビールを飲んでいた。

私が「仕事中には酒を飲むなよ」と注意しても、ノイは「大丈夫、大丈夫」と笑って答えるだけだ。そのようなことが次第に多くなっていった。

昔の仲間が初めての海外旅行でタイにやって来た。いつものように出迎えに行こうとするが、ノイは飲み過ぎのせいか体調が悪かった。無理をさせるのも可哀相なので、タクシーで空港に迎えに行くことにした。

空港で友人たちの到着を待っていると、ひょっこりノイが笑顔で現れた。「体調は戻ったのか？」と聞くと、ノイは「大丈夫だよ」と笑って答えた。友人がゲートから出て来ると、いつものように手際よく荷物を車まで運んだ。車に乗ると、酒とニンニクと汗の臭いが鼻をついた。どうやらノイは何日間も自宅には戻っていないらしい。あまりの異臭に窓を開けるがどうにもならない。友人たちから「タイの国の臭いはすごいね。いつもこんな臭いがしているのか」と質問された。その日もノイはチップを受け取ると、さっさとどこかに行ってしまった。

ある日、JICAの日本人スタッフとスクンビット通りのタイスキの店で食事を済ませて出ると、ノイは駐車場で運転手仲間たちと酒盛りをしていた。「帰るぞ」と言ってもノイは帰りたくない様子で、私はタクシーで帰った。

翌朝なかなか迎えにこないので、車を見に行くと左前部が大破した状態で駐車場に停められていた。そのままノイは行方をくらまし、姿を見せない。私も頭にきて放っておくと、三日目の朝、事務室にひょっこり現れた。私の顔を見ても何も言わずにただニコニコしているだけだ。プライドが高いタイ人に注意する時は、人前で怒鳴りつけてはいけないし、彼らは絶対に頭を下げないこともよく知っている。

事故を起こして一〇日目、車はまだ修理せずに放置してある。当然ノイは仕事がないのでブラブラしている。半月ほどしてようやく何とかしてくださいと言ってきた、私は「まだ事故のことは聞いていない。今は金がないので修理できない」と答える。「給料も働かないときは減給することになっている」と言うと、ついに謝罪の言葉を口にしたので、車を修理工場に出した。その後はノイも酒をひかえるようになり、しばらく真面目に働く日々が続いた。

将軍のきつい一発

ある日曜日、知人からパタヤ沖での海釣りに誘われた。運転手のノイを誘って朝六時にバンコクを出発。車は快調に国道を南下し、八時にはパタヤに到着した。現地は雲一つない晴天に恵まれ波もなく、すでに乗船する仲間も集まっていた。

男一〇人、女六人で釣り船に乗り込む。沖に向かって船が進むと陸地と海上では気温が違う。頬に受ける風も涼しく気持ちがいい。釣り場に着くと、思い思いに糸を垂れた。軽快なリールの音が聞こえるだけでみな釣りに集中している。そのうち一人二人と魚がかかるようになると、おしゃべりの声もはずんで聞こえてきた。

一緒に釣りをしているはずのノイの姿がないことに気がついた。その時、別の日本人学校の先生のグループから大声が聞こえてきた。声の方向に行ってみると、ノイが酔っぱらって騒いでいるではないか。急いで連れ戻し、私のそばで静かにさせていたが、それも長くは続かなかった。ちょっとでも目を離すとすぐにどこかに行ってしまう。今度は船の反対側で他人のウイスキーを勝手に飲んでしまった。ノイは完全に酔っぱらって、女の先生につきまとい釣りの邪魔ばかりしている。

私はノイの監視で釣りどころではなくなってしまった。ようやく釣りも終わり、それぞれ荷物を持って岸に上がったが、ノイはいきなり船から岸に向かって釣り竿やクーラーボックスを投げ捨てた。私が船上で注意をしたことに腹を立てての行動だろう。

私はそれらを拾い集めて車まで運んでいると、また女の先生を追い回している。さすがに頭に来てノイに向かって怒鳴った。するとその声でおとなしくなるかと思えば、足元の石を拾う

山口県下関市で7人兄弟の三男として育ち、子どものころから柔道を続けた。講道館柔道六段。写真は1977年、武道館で行なわれた警視庁銃剣道大会の記念撮影（前列左から2人目が筆者）。

と、それを私に向かって投げつけてきた。この場でしっかり注意するのは私の役目だ。

私は再度、大声で怒鳴った。ノイはニヤニヤするだけでどうにもならない。私は腕をつかんで車に乗せたが今度は車内で大暴れ。挙げ句の果てに私の顔に唾を吐きかけた。車から降ろして注意すると、足蹴りしてきた。ついに堪忍袋の緒が切れた。私はノイの腕と襟首を掴むと背負い投げした。立ち上がりざま右足払い、左足払い、そして体落としと何も言わずに投げ続けた。ふらふらになったノイは立ち上がると、どこかに走り去った。

一時間、二時間待てどもノイは戻って

来なかった。仕方なく自分で車を運転してバンコクに戻った。

翌日、同僚の警察官に事の次第を話すと、「仕返しに気をつけろ」と笑って忠告された、現地の古い日本人からも同じことを言われたが、今度こそノイをクビにする覚悟でいた。

それから六日後、事件処理のレポートを仕上げているとラフな格好のノイがこっそり姿を見せた。たまたま事務室にいたトチャイ将軍が「何でそんな格好をしている」と聞くが、ノイはニヤニヤするだけで何も言わない。

ノイと私の関係を心配する将軍が、再度「お前は何をしたかわかっているのか？ 今日まで何をしていた？」と尋ねても、目を合わせず笑っている。その態度を見て怒った将軍は脇腹のホルスターから拳銃を取り出し、「この野郎、ぶっ殺す！」と銃口を向けた。

それでもノイはニヤニヤしている。まさか撃つとは思っていないのだろう。しかし拳銃を向けても笑われたとわかった将軍の怒りは頂点に達し、ノイの鼻先に向けた拳銃が火を噴いた。発射した弾は彼の左頬をかすめて後ろの白い壁にめり込んだ。私は驚いたが、いちばん驚いたのはノイ本人だ。今までニヤニヤ笑っていた顔が一気に引きつり、脱兎のごとく部屋から逃げ出した。

発砲音でほかの部屋の同僚たちが「トジマがやられた」と叫びながら拳銃を持って飛び込んできた。部屋の壁は大きく剥がれ落ち、その場で将軍と私が笑っているのを見て同僚がまた驚いた。

ノイは月給の残りを取りに来たのだろうが、将軍のきつい一発で月給も退職金も手にすることなく、その後、二度と顔を見せなかった。

癖（へき）と犯罪

人は良きにつけ悪しきにつけ癖を持つ。そうした癖は犯罪にも見られ、放火癖、盗癖、性癖はなかなか治らない。ここでは日本とタイの犯罪事情から癖と犯罪の関係を見ていこう。

必ず犯行現場に現れる放火犯

日本の放火は愉快犯が多い。彼らはストレス解消のために放火し、火が燃えるのを見て興奮し、煙の臭いに刺激を感じる。犯人は自分で放火した現場を確認せずにはいられず、野次馬に混じって火災を見物する。現場に駆けつけた警察官（捜査員）は必ず現場を取り囲む野次馬を撮影する。連続放火事件の場合は、隣接する警察署どうしで写真をやり取りして犯人をあぶり出す。

最近は防犯カメラも増え、その性能も良くなっているが、夜間の火事は捜査員のカメラが欠かせない。

なぜか日本では、季節の変わり目に放火が多く発生し、真夏は少ない。タイでは保険金目当ての放火が多く、愉快犯は少ない。

火災の場合、火元が激しく燃えて何も残らないと思われがちだが、火は常に酸素のある方向に移って行くので、火元には何かしらの証拠が残っている。タイではよく家主が家具や家電製品の保険金を請求しようと「燃えてしまった」と主張するが、完全に燃えつきることはなく、保険金をだまし取ろうしていることが逆にばれてしまう。

職業や人格とは無縁の性犯罪癖

痴漢、強姦、幼児へのわいせつ行為、盗撮といった性に関する犯罪は人格とは関係ない。日本では裁判官、警察官、教師など社会的責任のある職業につく者の犯罪がニュースでよく取り上げられるが、実際には一般人による性犯罪のほうがはるかに多い。

性犯罪者は逮捕されて服役しても、出所すればその多くが同じ犯罪を繰り返す。そして犯行の手口にはそれぞれ癖がある。警察ではそのような手口を常に記録・分析して容疑者を特定していく。

痴漢は、朝の通勤・通学時間に多い。犯罪者にとって女子学生やＯＬが一人で移動するため狙いがつけやすいうえ、同じ相手を繰り返し襲うことができる。

満員電車を待つ列の最後から乗り込む。これはスリも同様で、逃げやすいこともあり、ドア付近が犯行現場になりやすい。

夕方の帰宅時間は同僚や友人など複数で行動することが多いので、痴漢の被害は少ない。だが終電近くや深夜の帰宅は危険である。痴漢の癖を持つ酔っ払いが酒の勢いでついつい手を出してしまう。

タイにも痴漢はいる。高架鉄道（BTS）、地下鉄（MRT）、路線バスなどで被害が出ているが、日本のように悪質なものは少ない気がする。

民家に押し入るタイプの強姦犯は、洗濯物で襲う相手かどうか判断する。当然、女物しか干していない一人暮らしが狙われやすい。男物の下着でも一緒に干しておくといいだろう。

空き巣は万引きや強盗をしない

ドライバー一本でガラス窓を割って侵入する泥棒は、万引きや引ったくりはしない。空き巣だけを繰り返す。時間をかけて下見し、ターゲットを絞り込む。通りがかりに思いつきで泥棒に入ることはない。

軒先に吊るされた洗濯物などで家族構成を想定し、入るか入らないかを判断する。塀で囲まれていて、植木が多い住居は、実は空き巣に入られやすい。一度侵入してしまえば犯人の姿は外から見えなくなるからだ。犯人は敷地に入ったら、必ず電気のメーターを確認し、速く回転していれば在宅中と判断する。

アルミサッシの窓を開けるのは簡単で、止め金具の周辺のガラスの隙間にマイナスドライバーを差し込み、ちょっと左右にひねるとガラスにヒビが入る。割れたガラスを外して外から手を入れてカギを開ける。

ほかにライターの火を当ててガラスを割る「焼き切り」という手口や、ボロ布を当てて叩いて割る「打ち破り」もある。空き巣もそれぞれ手口が違うので、警察はそれを分類して記録に残していく。過去の犯罪記録と照合するだけで、容疑者を特定できることも少なくない。

現場検証すれば、犯人の熟練度もわかる。手慣れた者は、家に侵入すると、まずすべての出入り口を解錠する。物色中に住人が帰ってきても、鉢合わせしない逃走路を確保するためだ。

住人と揉み合いになってケガを負わせると、窃盗から強盗に変わって罪が重くなる。プロは絶対に事を大きくせず静かに逃走する。

さらにプロは、どこに金目の物があるか、すぐに見分ける。タンスの引き出しは下から順に開けていく。上から開けるといちいち閉めなければならないからだ。物色した場所は盗みの発覚を遅らせるために元どおりにする。

「鑑識に国境はない。タイで優秀な捜査員を育てる」という思いは今も変わらない。タイ全土で日本の鑑識技術を指導する筆者（中央）。

新米警察官だった頃、警察署の留置場の「牢番」勤務を二年間続けたが、逮捕された泥棒どうしが懲りずに情報を交換し合っていた。新入りになんで捕まったかを聞いては、自分のことは棚に上げて「そんな手口じゃ捕まるだろ」と説教する入所者もいる。刑務所で知識を仕入れても、再び罪を犯すときは前と同じ手口を使ってしまう。

バンコクでは建物の入口や窓に頑丈なシャッターや鉄格子がはめられているが、あまり意味をなさない。タイの空き巣は屋根から侵入することが多いからだ。電柱をよじ登り、ぐちゃぐちゃにからまった電線を伝って屋根にたどり着く。屋根は造りも素材も粗末なので簡単に破れる。侵入はいたって簡単だ。

タイでは横長の細いガラス板を何枚も組み合わせた窓をよく見かけるが、犯人はそのガラスを一枚ずつていねいに抜き取って侵入する。だが、たいていは指紋が残っているのですぐに逮捕につながる。

またタイの空き巣は、室内を徹底的に荒らして、目につくものすべてを持っていく。通勤用の使い古しの靴まで盗んでいく。引き出しはバールで無理矢理こじ開けるので、被害者は後始末に苦労する。窓ガラスはていねいに取り外すのに、部屋は思いっきり壊していく。これもタイの泥棒の特徴かもしれない。

さらにタイでは住人と鉢合わせすると強盗に早変わりするケースが多い。時には強盗殺人にまで発展する。空き巣と出くわしたら、まずその場から逃げることを勧める。

これまでさまざまな空き巣の現場を見てきたが、大型ビルの建設があると、その周囲一キロ圏内で頻繁に窃盗事犯が発生する。建設現場のわきには作業員宿泊用のバラックが建てられ、おそらくそこに住む人間の仕業だろう。建設中のビルから空き巣に入る物色しているのだろうか。工事のあいだは連日のように空き巣被害が発生するが、ビルが完成すると件数も減っていく。

万引き犯はお金があっても盗む

万引きを一度覚えてしまうと男も女もなかなか立ち直れない。金銭面で不自由がなくても万引きを繰り返し、そのスリルそのものを味わう者が多い。最近の万引き犯は年齢層も幅広く、とくに高齢者が増えている。

年の瀬になると老人とホームレスによる万引きが増える。捕まっても正月は警察の暖かい留置場で過ごせる。常習者となれば刑務所に送られるが、刑務所なら冬の寒さを防げるし、食べ物にも困らず医療もしっかりしている。

スリは外見からではわからない

古くは江戸時代から巾着切り《きんちゃくき》りは罪が重い。スリはほかの窃盗と比べて罪が重く、三年以上の実刑が科される。スリには高度なテクニックが必要で、スリ一筋で生きている七〇～八〇代の高齢犯も多い。

その身なりは紳士的で、高級そうなスーツ、カバンも腕時計も靴もブランド品を身に着け、誰もスリとは思わない。痴漢と同様、満員電車の最後にすっと乗り込む。犯行時間は夕方に多い。

大きな駅の改札口で狙いを定めたら車内まで追っていく。スリは、たまたま隣り合わせた者の財布を狙うことはほとんどなく、狙った相手から盗んでいく。いわゆる「抜かれる人」は何度も被害に遭うが、何かしら共通するものがあるのだろう。

警察もスリの取り締まりには力を入れている。捜査三課にスリ専門班があり、「モサ係」と呼ばれている。モサとは隠語でスリのこと。たとえば東京では上野駅からアメ横にかけて、所轄署の刑事を含めて数人のモサ係が常に見回っている。

モサ係はスリが相手の品物に手をかけた瞬間を捕まえなければならない。スリも必死に暴れて逃走しようとするので、体力的にも精神的にも強さが求められる。刑事としてはやりがいのある任務だ。スリはモサ係と会うとその日の仕事は中止すると言われており、仲間内でモサ係の顔写真が売り買いされているという。

外国人のスリ犯は凶器を所持

日本のスリは常に単独行動だが、日本でスリを働く韓国人などは二〜三人で活動する。彼らは刃物などを隠し持ち、捕まりそうになると凶器を持ち出して反撃する。このため取り押さえようとして負傷する刑事や警察官も少なくない。

バンコクでは高架鉄道のサイアム駅やプロンポン駅など旅行者が集まる場所で多くの日本人観光客が財布を抜かれている。以前に取り扱った事件では、犯人も被害者も日本人だった。盗んだクレジットカードですぐにデパートでブランド品を買い漁り、その姿が防犯カメラに捉えられ、早い段階で逮捕された。

タイ人が日本人を狙うことは少なく、日本人の被害の多くは中東系のスリが目立つ。やはり複数で行動し凶器を隠し持っている。

買い物中に人前で財布を取り出す日本人の不用心さが、海外でスリや引ったくりに狙われる理由の一つになっている。

海外で道を尋ねられても、「わからない」と言えずに、相手が拡げる地図に見入ってしまって、スリ被害に遭う。実際にあった話だが、「近く日本に行くので日本円を見せてくれ」と言われて、財布の現金を見せてしまい、挙げ句に盗まれても気がつかないという事件があった。

甘い言葉に用心

長い人生でちょっとした気のゆるみから道を踏み外すことがある。警察官であっても同様だ。

昔、実際にあった話だが、刑事部屋でうろうろしていると、係長が「おい戸島、何してる?」と声をかけてきた。「何もしておりません」と言うと、「駅前のマンションに行ってくれないか。逮捕した容疑者宅に朝から何度も電話をしているが通じない。ちょっと行って、勾留中に必要な下着やお金を持って来るように、家族に伝えてくれないか」と言う。

そのマンションの部屋に着いて、玄関のブザーを押したが反応がなかった。三度押して反応がなければ帰ろうと思っていると、突然ドアが開き、三〇代後半の派手な女性が顔を出した。私は女性に用件を伝えると、微笑みながら、「すぐに参りますから刑事さん、中で少し待っていてください」と言って、私を招き入れた。部屋は甘い香水の香りが漂い、高級そうな装飾品で飾られていた。

部屋には電気コタツがあり、私を座らせると、女は隣の部屋で支度を始めた。しばらくすると女は和服の裾がはだけた半裸に近い姿で私の目の前に立った。帯を締めるので腰の部分を押さえてほしいと言う。言われるままに腰を押さえていると、何度も強く押さえてくれと言われ、しばらくそれを繰り返し、ようやく着付けができた。

女をともなって警察署に戻ると「なかなか帰ってこないので心配した」と係長に言われた。部屋での出来事を詳しく報告すると、係長は目を丸くして、「トンちゃん、危うく罠にはまるところだったな」と言った。意味がわからないでいると、先輩刑事が「もし、そこで女に手を出せば、警察官の不祥事と、逮捕した男の身柄を交換にされるところだった」と笑いながら説明してくれた。

このようなことはいつどこで遭遇するかわからない。タイ国警察局で三年勤めて帰国した折に昔の仲間に誘われて銀座で待ち合わせした。喫茶店で時間を忘れて昔話に興じ、気がつくと夕暮れ時で色とりどりのネオンが輝き始めていた。友人は携帯電話でどこかに電話すると、すぐにその仲間が現れ、連れて行きたい場所があると言う。男は元警察官で、いまはある会社の役員をしていると言い、なかなか羽振りがよさそうだった。

男は「たまには日本の夜を楽しんでください」と言って、タクシーに乗せられて六本木に向かった。彼らは慣れた足取りで脇道に入ると、あるクラブのドアを開けた。店内には鮮やかなドレス姿の若い女性が整列して出迎えてくれ、高そうなクラブだと思った。

フカフカのソファの中央に落ち着くと、両脇にいる若い女性が高級ウイスキーをグラスに注いでくれた。グラスを交わしていると四〇代前半のママが現れ名刺を交換した。そしてタイの警察やＪＩＣＡの話を興味深げに聞いてくれた。

途中でトイレに行くとママが私のあとについてきておしぼりタオルを渡してくれた。そして、微笑みながら帰国のお祝いですと言って、茶封筒を差し出した。封筒の感触に違和感をもった私は、これは帰りにいただくと告げて返した。封筒は分厚く、少なくとも百万円は入っていただろう。

私はトイレを出ると、そのまま黙って店の外に出た。もしあの時、札束をもらっていたら今の私はないだろう。

なぜ大金を渡そうとしたのか、その見返りは何か、聞くことはできなかったが、危険な誘いであったことは間違いない。その後の話で、このクラブは入国管理局と警視庁の手入れを受け、若い女性たちのほとんどが韓国や東南アジアからの不法就労で、店は閉鎖されたという。

第3章　鑑識の仕事は体で覚えよ

タイ人は犯罪のニュースが大好き

タイ人は事件や事故のニュースが大好きで、凄惨な現場写真が新聞の一面を飾ることも少なくない。現場で事件処理をしている私の姿もしばしば新聞に掲載されるので、屋台で食事していると、店主から「この写真は旦那さんではありませんか?」と聞かれたりする。

なぜこれほど犯罪のニュースが多いのか不思議に思ったが、タイの犯罪発生率は、日本の七〜一〇倍も多いとわかって納得した。

なかには変わった事件もある。アユタヤの農道の草むらで中年の男女がキングコブラに襲われた。男はそのキングコブラと格闘して噛みついて食いちぎり、コブラも男に噛みついて双方その場で死んだが、女性は逃げて無事だった。タイ人たちはそのニュースを伝える新聞を手に勇敢な男だとほめたたえた。

また、恋敵の顔に硫酸をかけたり、浮気した夫の股間のものをハサミで切り落とすといった犯罪もよくある。妻が夫と愛人の浮気現場で、二人を拳銃で撃ち殺すという過激な事件も珍しくない。日本ではこのような復讐劇はテレビドラマの世界に多いが、タイは、それを地でいっている。

事件や事故が多いだけでなく、タイ人は怪談話も大好きで、よくタイ人の警察仲間から「トジマ大佐はお化けを見たことありますか？」と質問される。私はこれまで数えきれないほど死体を扱ってきたが、答えは「マイ・クラップ（NO）」である。怖いのはお化けではなく、人間である。

またタイ人は事件の日時や犯罪現場の部屋番号、犯人の車のナンバー、死亡者の生年月日など、数字に並々ならぬ関心がある。タイでは月に二回抽選がある公営宝くじの「ロッタリー」が大人気で、男女を問わず食費を削ってまで宝くじを買い求める。これは自分の選んだ数字を買う宝くじで、そのため数字へのこだわりが異常に強い。

タイではオリンピックで活躍する選手は少ないが、唯一ボクシングで金メダルを取った選手のゼッケンの数字が飛ぶように売れたことがある。

トチャイ将軍のお供でバンコク中心街にあるエラワン寺院によく参拝に行ったが、その仏堂で拝んだ人が、たまたま買った宝くじで一等が当たったと報道されると、大勢の人が押し寄せ、大変な騒ぎとなった。

野次馬に荒らされる犯罪現場

ようやくタイでも日本式の鑑識活動が定着してきたが、以前は、立ち入り規制線（ポリスライン）もなく、警察官に混じって報道関係者が遺体にまたがってビデオを回したりしていた。タイ特有の遺体を片付けるボランティア団体（報徳善堂）の若者や野次馬たちが勝手に現場に入っては、遺留品を持ち去ってしまう。これでは事件は解決しない。タイに派遣された私の最初の仕事が、現場に立ち入り規制線を張ることだった。

タイでは現場写真を撮影するのはいちばん若い警察官で、彼らは写真のイロハもわからず、ふだんは手にしたこともないカメラを首から提げて、ただ事件現場の様子を撮ればいいという考えだった。

現場で写真撮影をする者は、事件の内容をよく理解し、事件が発生した順序に沿って撮影し

警察学校の士官たちに鑑識写真の撮影方法を講義する。初歩的なカメラの操作から専門的な撮影法まで教えることは多い。

ていかなければならない。現場写真は連続的なストーリーを再現し、どれが欠けても事件を立件できない。現場を見ていない検事や裁判官に事件現場の状況を一連の写真で理解させ、納得させるものでなければならない。だから一眼レフを扱ったことのない新人の鑑識官に任せるのは無理だ。

私は現場の仕事をしながら、カメラを手にした警察官に撮影する対象物とカメラアングルを一つひとつ指導した。時折レンズの絞りとシャッター速度を確認しながら撮影を進めた。現場で足跡採取や指紋採取を失敗してもやり直しができるが、写真撮影はその瞬間が勝負である。対象物を動かされたら事件の内容も大きく変わってしまう。

最近の犯罪は巧妙化の一途をたどり、犯行

に直結する証拠が残されていることは少なくなってきた。さらに刑事裁判は厳密で、真実を究明するためには、有力な物的証拠の収集と適正な保全、および高性能な機器を活用した科学分析が不可欠である。

タイで殺人事件が発生したら、まず捜査官たちを現場の外に待たせて、私は現場検証の責任者を一人連れて現場に入り、中の様子を確認する。事件に関係する証拠品に数字の書かれた標識を順に置いて行く。これらの証拠品は写真撮影のあとで収集・採取する。

ある日、現場で作業をしていると、薄暗い部屋の片隅に突然、子供連れの女性が現れて、ビニール袋にせっせと目につく品を詰めている。私が「何をしているんですか?」と聞くと、「これは私たちに必要な物なので持って行く」と言う。「検証がすむまで待ってくれ」と注意しても、「家に帰る時間なので急いでいる」と言って手を止めない。

「家に帰ると言うが、ここはお前の家ではないのか?」と聞くと、「ここは自分の家ではない」と言う。私はあきれた。五〇歳前後の母親は「この通りの向こうから来た。死人のものは誰のものでもない。死んでしまえばその人はもう使うことがないので私がもらって行く」と言う。無茶苦茶な理屈で、他人の物を持っていっては駄目だと諭すと、親子は目を丸くして「あなたも何か欲しいのか?」と逆に質問されてしまった。

「仕事は現場で覚えろ！」

日本であれば、現場を立ち入り禁止にしたうえで、鑑識官が綿密な鑑識活動を行なう。遺体の状況を検視し、部屋の散乱物、たとえば飲み残しのコップなどすべて最初に写真撮影する。そして薬物検査、尿検査、唾液採取、指紋採取に続いて、繊屑、陰毛などを現場で採取し、原因究明に向けた活動を行なう。

タイのように現場を民間人に荒らされてしまったら、証拠品が紛失し、捜査にならない。鑑識官はいちはやく現場に入り、証拠品を見つけて写真撮影、計測して記録に残し、採取する。この一連の流れを若い捜査官たちにしっかり叩き込んだ。

鑑識写真係には、燃えるように暑い屋外や雨の日、深夜といった過酷な条件下でも、完璧に撮影する技術が求められる。一枚の写真が物言わぬ被害者の声を代弁し、法廷で犯人の有罪を勝ち取る。その一念で状況をしっかり見てシャッターを切らなければならない。現場はいつも真剣勝負だということを教えた。

また鑑識捜査の講師としてタイ全土でセミナーも行なってきた。対象はポリス・アカデミーの学生や警察大学の幹部学生で、みな将来のエリートたちだ。その彼ら彼女たちに「仕事は机上で覚えるのではなく、現場で体をつかって覚えるように」と、常に言って聞かせた。

火災現場の実地指導では、炭化した燃えかすを素手でかき分けて火災の原因となる火点《かてん》を捜してみせた。階級の上下に関係なく、現場で部下と一緒に汗を流して捜査にあたる。これが私のやり方である。

冷房のきいた部屋で犯罪捜査の講義を十数時間受けるより、実際の現場で凄惨な遺体に直接触れ、悪臭を嗅ぎながら実地に学んでいくほうがはるかに身につく。若い幹部学生たちにはできるだけ、そのような体験をさせるよう心がけている。そうした指導が次の世代にも受け継がれると信じている。

実技試験をカンニング

タイに赴任した当初、なかなか現場に出ることができなかった。前任者たちは事件の現場に一度も足を運ばず、ただ日本から用意してきたビデオを見せるだけの指導に終始した。それではタイの警察官には何も伝わらない。そこで、鑑識技術の指導をするには、当地の現場を知らなければできないと何度もＪＩＣＡ（国際協力機構）に訴え続けた。

ある時、そんな私の様子を見ていた国家警察局のソポン中将が声をかけてくれた。「現場鑑識活動に国境はない。暑い現場で汗をかきながら実地指導したいという意見に賛成だ。トジマさんが納得する現場指導をぜひやってほしい」と後押ししてくれた。それ以後、私は堂々と事件現場に行くことができた。

日本で鑑識捜査員となるためには、まず警察学校在学中に初級技能検定試験に受かる必要がある。この初級技能検定の資格があれば一般の警察官でも、空き巣や万引きなど軽微な犯罪現場の処理は可能である。

犯罪捜査専門職および鑑識捜査員になるためには現場経験を積んだうえで、鑑識技術の写真・指紋・足跡・法医学の上級検定または総合上級検定の資格を取得しなければならない。

バンコク郊外のナコンパトム県にあるポリス・アカデミー士官学校には、約八百人の男女が幹部候補生として在校している。私が四年生の現場鑑識セミナーを担当した際の教務内容は、最初の二日間は教室での講義、続いて一〇日間は教室を出て、実技を行ない、最後は総合試験を行なった。

実技はあくまで現場を想定し、模擬殺人現場での現場観察、写真撮影、遺体の計測、証拠品の採取、足跡と現場指紋の採取などを実施した。これが学生にとって士官学校での最後のセミナーとなる。

私は、実技指導はすべて屋外で実施することに決めた。気温は四三度、空は雲ひとつない快

警察学校の若い士官たちに鑑識捜査の基礎を座学と実地で教える。現場の保全から指紋・足跡の収集まで講義内容は多岐にわたる。

晴。風もほとんどなく、たまに吹いても熱風だ。何もしなくても汗が滴り落ちる。私は学生一人ひとりに課題を与える。現場写真の実務試験だけで丸三日かかり、すべて終わるのは午後六時。それからバンコクに戻り、その日の実技試験の結果をまとめると時計は毎日午後一一時をまわっていた。

それを三日間続けて、実技試験の採点を行なった。学生たちが強い日射しの下、汗を流しながら撮った写真だ。私は時間をかけて一枚一枚真剣にチェックしていった。その中でパノラマ、現場、証拠品のそれぞれの写真がまったく同じアングルと距離で、まるでコピーしたかのようなものが三組見つかった。たとえ百人の写真を並べても同じアングルには絶対にならない。三組のまったく同じ写真を前に、私は考えた。そしてポリス・アカデミー士官学校の教官に事の次第を報告した。

驚いた教官が、同じ写真を提出した三人を呼び出し事情を聞くと、うち二人はこれまで一眼レフのカメラを手にしたことがなく、残る一人がカメラの扱いに慣れていたので、二人に代わって撮影したことを認めた。私は三人の実技試験の修了を取り消すことを教官に伝えた。

翌朝、学生三人がポリス・アカデミーから車で二時間かけてバンコクまでやって来た。三人は緊張した様子で、手土産の椰子の実を手にしながら私の執務室に入ってきた。昨夜は教官にしかられて眠れなかったと言う。何とか許してほしいと私に懇願した。

だが、私は簡単に「許す」とは言えなかった。学校を卒業すれば警察少尉として第一線に立つことになる。国民を守る警察官が試験で不正をするなどもってのほかで、幹部になる資格はない。たとえ合格する自信がなくても、必死に努力することが重要である。ここで三人を許せば、社会に出てもきっと同じ過ちを犯すだろう。三人の若者にきつく言い聞かせて、一か月後に鑑識技術の再試験をすることを申し渡して帰すことにした。

この処分を聞いた士官学校の教官から、お礼の電話があった。タイの警察官は階級が上がると制服の両肩に星の数が増えていく。その徽章は両親が肩に付けることになっている。今後、両親の信頼を裏切ることがないよう願った。

野犬に襲われる

学生たちに技術指導をしていくなかで、事件現場を怖がったり、どのように対処すればいいか自信のない学生が多いことに気づいた。その原因を調べてみると、現場処理の正しい手順を示した教科書がないことがわかった。そこで、これまで私が経験してきたことを元にした教科書を作成することにした。

鑑識写真の撮影方法、遺体の取り扱い方法、事件現場の実況検分など、休日返上で夜遅くまでへとへとになりながら原稿を執筆した。

そんなこととは知らない同僚たちは「最近、トジマ大佐は元気がないね」と心配して、バナナやマンゴーなどの次々に果物を差し入れてくれた。

その日も一人遅くまで執筆作業を続け、ひと段落して帰宅しようと国家警察局の中庭を正門に向かっていると、一匹の黒い犬が目の前に立ちふさがった。私は危険を感じ、追い払おうと蹴飛ばすと、キャンキャン鳴きながら逃げて行った。するとその声に反応して近くにいた十数匹の群れが吠えながら一斉に私に向かってきた。

私は足元の小石を拾うと犬の群れに向かって投げたが、コントロールが狂い、中庭に停めてあった車にバチンと大きな音をたてて当たってしまった。その音に反応して、犬たちはますます大声で吠えた。

タイでは野良犬に噛まれると狂犬病になると言われていたので、これまでなるべく近づかないようにしていた。走ると危険なので、石を投げる真似をしながらゆっくり正門が見えるところまで歩いた。異変に気づいた警備の警察官が数人あわてて駆けつけてくれて、犬を追い払ってくれた。

タイはどこにでも野良犬がいる。歩道で寝ている犬を観光客がうっかり踏んで、噛みつかれて大騒ぎになることもよくある。

バンコク市内で大きな祭りがあるときは、必ず役所の職員が野犬狩りをする。捕獲した犬は殺さずにカンボジア国境まで運んで、そこで放す。カンボジア人は犬食の文化があり、大喜びしているという。タイでもカンボジアに近いイサンでは、犬をよく食べる。毎年一月から二月の肌寒い時期には黒い犬を求めて食用にする。

タイで初の鑑識捜査の教科書

数か月かけてようやく教科書の原稿とそれに掲載する写真の用意ができた。ＪＩＣＡタイ事務所の隅田所長に相談したところ、支援してもらえることになり、教科書作りは現実のものとなった。さらにタイに赴任した当初からお世話になっている雑誌社「まるごとタイランド」の丸山社長をはじめ、バンコクキヤノンマーティング社の福井社長らの協力もいただき、タイで初の鑑識の教科書が完成した。

タイ警察局の上級幹部出席のもと教科書の引き渡し式が盛大に行なわれ、初版三〇〇〇部が、国家警察局、科学捜査部の現場鑑識課に無償で配布された。

この教科書は、現場鑑識に関するノウハウがすべて詰まったマニュアルで、絞殺、刺殺、扼殺、射殺、自殺の判別から爆死現場の遺体処理まで、カラー写真つきで詳しく解説されてい

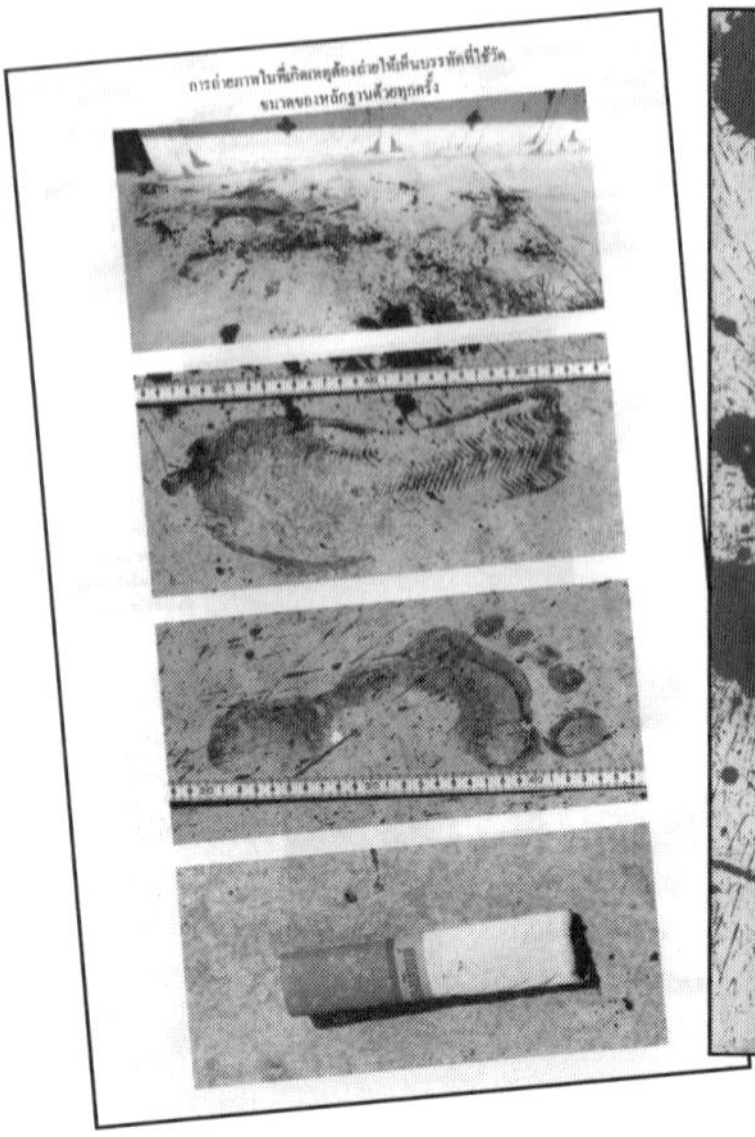

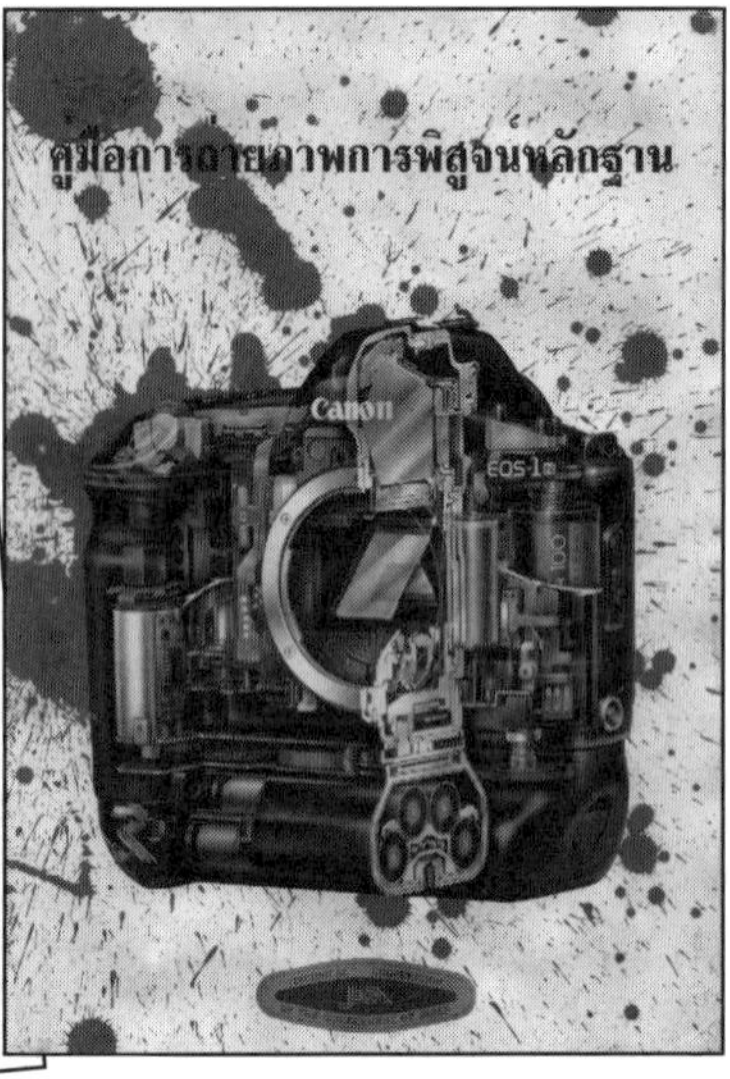

タイ語で作った「初めての犯罪鑑識の教科書」。現場保全の仕方、自殺と他殺の見分け方から鑑識写真の撮影方法まで、自ら撮影した写真をもとに制作。いまも全国の警察署で使われている。

る。

この教科書を手にして出動する鑑識官もしだいに増えていった。さらにタイの国立図書館にも納入され、併せて著作権も申請されることになった。それを新聞やテレビの報道で知った地方の警察署、警察大学、士官学校からも配布依頼があり、さらに五〇〇〇部増刷することになった。

現在、タイのポリス・アカデミーの正式な教科書に採用され、巻末に私の言葉と顔写真が掲載されている。

これまでタイでは、このような専門の教科書はなかった。報道関係者を前に科学捜査局長のソポン・カミン中将は「これでタイの鑑識技術が向上し、事件のない国になるよう、そして日本の人たちに安心して観光に来てもらえるよう治安を守っていきたい。犯罪撲滅は日本でもタイでも共通の願いだ」と挨拶した。

その時の様子は現地の新聞とテレビ、そして日本では読売新聞に写真入りで大きく紹介され、記事には「タイ国家警察に派遣された戸島氏は、連日地元警察官とともに事件現場に足を運び、残された証拠品の採取に汗を流す一方、月に二回ほど全国の警察幹部を対象とした鑑識技術の研修会の講義を行なってきた」と書かれていた。

夜の事件現場

ある日、帰宅準備していると外はスコールだった。少し様子を見ていたが、なかなか止む気配はない。執務室から雨空を見上げていると突然、ドアがノックされた。声は今夜の事件担当のキティ少尉だった。

「まだ残っていらしたのですか、あーよかった」と言って、「いまノンタブリー県の椰子畑で、若い女性が喉を刃物で刺されて死んでいるという一報がありました。スラナー中佐がトジマ大佐に同行していただきたいとのことです」

続いて女性警察官のアニー大尉もやって来て、「現場は広い椰子畑で、暗くて雨が降っています。今日の現場当番はみな若くて経験が浅いので、トジマ大佐の指導をお願いしたい」と言う。私は話をすべて聞き終わらないうちに制服に着替えると、車に向かった。

車の前では捜査官たちが心配顔で待機していた。私は「よし、現場へ行くぞ！」と大声を出した。いつも出動するたびに日本語で気合いを入れていたので、タイの捜査官たちもそれを覚えて、「ゲンバ、ゲンバ」と日本語で言うようになった。

外はすっかり暗くなり、スコールの中を猛スピードで事件現場へ向かう。やがて水田地帯の一角に広い椰子林が広がってきた。すでに農道には地元警察や報道関係の車両が二〇台ほど集まっていた。

農道脇に鑑識車両を停めて、椰子の林に入って行く。先を歩いている曹長が「ピー・ヌングゥ・ユゥー、ユゥー（草むらに大きなヘビがいるので気をつけて下さい）」と言った。タイの田舎には、太さがビール瓶ほどで長さ二〜三メートルのキングコブラが生息している。これに噛まれると命がない。

雨は止まず、鑑識官たちは重たい鑑識資機材を担いで現場へ急いだ。農道は泥と水たまりで足を取られそうになる。

私はいちばん後ろについて現場へ入った。捜査官たちの仕事ぶりを観察するためである。し

部下の捜査員とともに事件現場で汗を流す。いまでは教え子たちが全国タイ警察の要職を務めている。

ばらく進むとキティ少尉が立ち止まり、私の顔を振り返って「ここです」と言う。私は黙ってうなずいた。雨はさらに激しくなり、容赦なく大きな雨粒が打ちつけてくる。すでに現場には多くの警察官と遺体処理のボランティアがわれわれの到着を待っていた。

私は、投光器を使って遺体の周辺に散乱している証拠品と犯人の足跡を捜すよう現場責任のスラナー中佐に指示した。周囲はぬかるみ、多くの足跡が残っている。発見された足跡に標識番号を付けていく。ここまではセミナーで教えたとおりで、なかなか上手に作業を進めている。

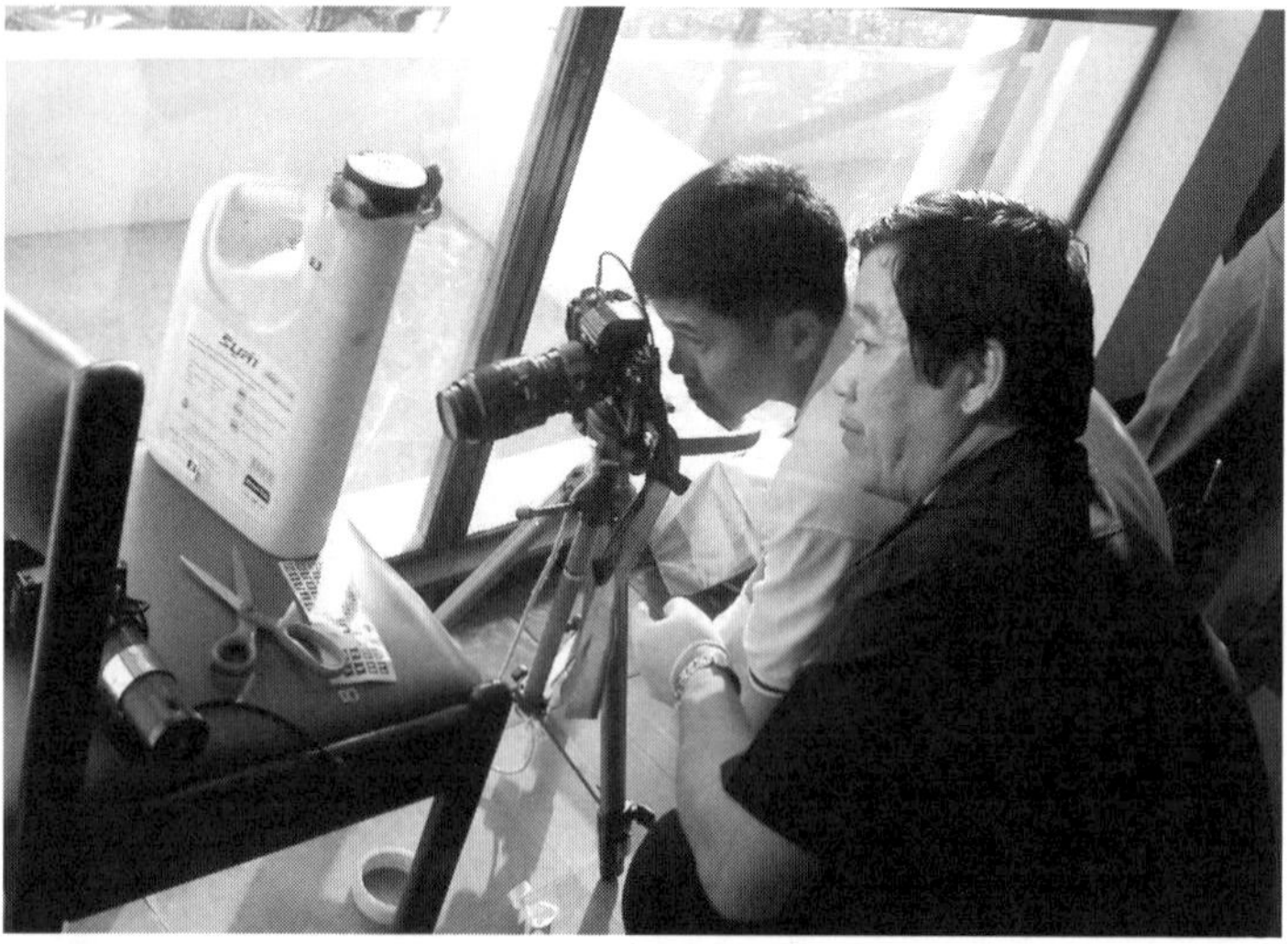

一眼レフのカメラを初めて使う生徒に鑑識写真の撮り方を教える。写真の生徒は現在タイ国家警察少将として捜査の陣頭指揮にあたっている。

私はトイ少尉に現場の全景写真を撮るよう指示した。彼は首から提げた一眼レフを構えていきなり撮影しようとしたので、あわてて三脚を渡して、カメラを固定するように伝えた。

夜間の撮影は基本、三脚を使う。雨降りの場合は、カメラを三脚に固定し、ストロボをレンズから離して、少し高い位置からずらして発光させて撮影する。レンズと平行にストロボをたくと、雨粒が反射して白ハレーションが生じた写真になってしまうからだ。

奥行きのある現場の全景写真を撮るには、カメラを三脚に固定し、絞りは5・6から8くらいで、シャッターはB（バルブ・開放）にして長時間露光する。ストロボはカメラのやや斜め後方から一度発光する。続いてストロボを手にして前進し、二度目の発光をする。その際、レンズにストロボの光が直接入らないようにする。

ストロボの位置を変えながら何度かこれを繰り返して、周辺全体を照らしていく。このようにすれば夜間でも現場の全景を鮮明に撮影できる。この方法は、工場など広い屋内での現場撮影にも使える。トイ少尉に撮影の手順を丁寧に教えると、日に焼けた顔に笑顔が浮かんだ。

頭上から音もなく落下する椰子の実と、足元の草むらに潜むキングコブラを警戒しながら、トイ少尉とともに現場撮影を続ける。遺体や証拠品はカメラを手持ちに替え、俯瞰（真上から）で撮影する。その様子を脇で見ている若い捜査官に、番号標識を置きながら撮影する意味を一つひとつ教えていく。

撮影終了後、証拠品を分別し、ビニール製の採取袋に油性ペンで採取場所を記入して入れていく。雨の中、遺体の検視をしている記録係の女性捜査官は必死に状況を記録している。南国の雨は冷たくないので頭からずぶ濡れになっても誰も気にしない。

ようやく現場鑑識が終了すると空腹を覚えた。帰り道、トイ少尉が「いい店がある」と言うので、道路沿いの古ぼけた食堂に立ち寄った。小さなランプが一つあるだけで、周囲には何を売っているかよくわからない小屋が数軒並んでいたが、ほかに客はいない。運転手のチャトリー曹長が車を停めて何があるかと聞くと、店の主人は笑いながら何でもあるよと答えた。

車を降りて店に入ると、奥からおかみさんが現れ、竹カゴに入った揚げ物を素手で掴んで大皿に盛った。よく見るとそれはカエルだった。目の前の田んぼで捕まえたものだろう。

運ばれてきたコップの水は生臭い。この水の臭いは何だと聞くと、トイ少尉は水を口に含んだまま目をつぶり考えている。隣のノック少佐は田んぼを指さし、「この水はこの下の田んぼの水だ」と笑いながら言う。「この水は飲めますか？」と店主に聞くと、「ナンパオ・マィアンタラィ（その水は危なくないよ）」と言う。しつこく確認すると「田んぼの水を沸騰させたので大丈夫だ」と返事した。

大皿に盛られたカエルは、揚げてから時間が経っているのか黒く変色している。ノック少佐が伸びたカエルの足を掴んで、私の皿にポンポンと投げ入れてくれた。タイでは年長者が食べるまでほかの者は手をつけないという慣習がある。私が最初にカエルの後ろ足をパリパリと噛むと、それを見た仲間の警察官たちが一斉に唐揚げを取って食べ始めた。

お腹のすいた私は三つ目のカエルを掴んで口に運んだ。小さいカエルは骨も柔らかくて食べやすい。同僚たちはすでに数匹を食べている。味は鶏の唐揚げに似ているが、やっぱり生臭い。古い油で揚げているせいかもしれない。口の中に広がる臭いを中和しようと、椰子の実を割って果汁を飲んだ。

その後、バンコクに向けて二時間ほど走ったころ、いやなゲップが胃の奥から込み上げてきた。みんなの様子もおかしい。カエルのせいか、油が悪かったのか、それとも田んぼの水か。口々に文句を言いながら、結局、全員の体調がおかしくなった。ノック少佐が「これはカエルの祟りだ」と言って笑い出した。何とか国家警察局にたどり着くと、時計の針は午後一時を回っていた。みんなはカエルのように飛び跳ねながら便所に駆け込んだ。まさにカエルの祟りである。

海外派遣先でも似顔絵作成

街で外国人を見た時に、どこの国の人か判断できるだろうか？　バンコク市内でスリ被害に遭った日本人の証言に基づいて、似顔絵を描いたことがある。被害者は「犯人はタイ人の女性だ」と証言したが、似顔絵をもとに逮捕された犯人の顔立ちはフィリピン系であった。

タイは日本と違い多種多様な民族が入り混じっている。顔立ちもアジア系・インド系・アラブ系・中国系などさまざまだ。事件発生時に、被害者に証言を求めると、「犯人は○○人のようだった」と言う。そのため、あらゆる国の顔立ちを知っていなければならず、その似顔絵の作成は日本以上に神経を使った。

さらに被害者が「○○人のようだ」と言っても、そのまま鵜呑みにせず、証言する人相だけ

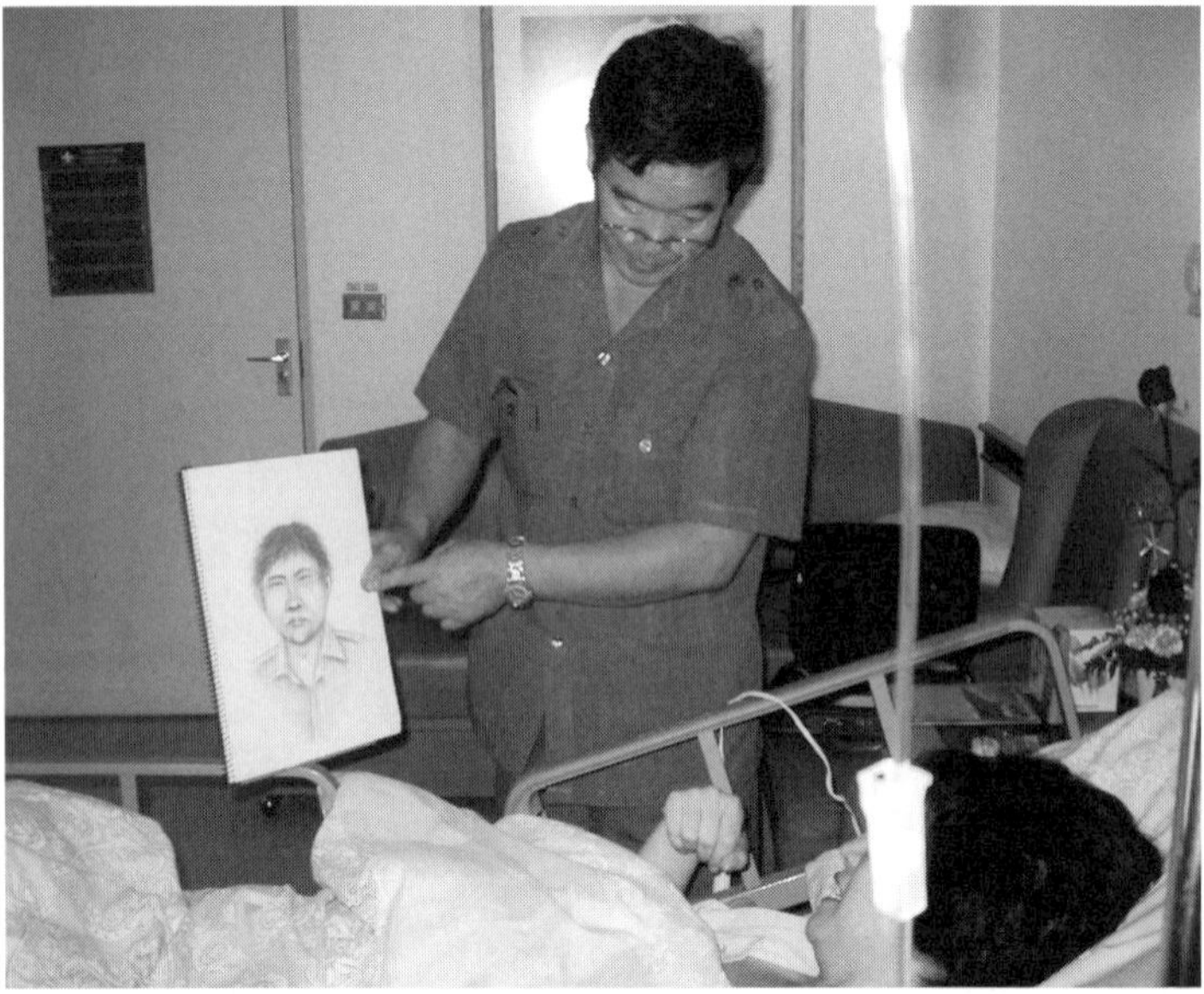

入院中の被害女性から犯人の特徴を聞き出し似顔絵を作成、早期の犯人逮捕につなげた。

を頼りに似顔絵を仕上げた。

バンコク市内のＢＴＳ（モノレール）駅の下りエスカレーターで突然後ろから押され、前方に倒れた時にバッグに入れておいた現金とパスポートが盗まれるという事件が連続した。被害に遭うのは日本人の年配の観光客が多かった。

タイ警察は、事件の捜査を開始した。被害者は決まってアラブ系の人に前後を挟まれて倒されるという。同じ手口による被害であった。

被害に遭った観光客から話を聞き、私は似顔絵を作成した。ほどなく似顔絵に似たアラブ系のグループが浮かび上がり、逮捕することができた。

写真現像処理機の導入

タイは仏教国で、みな礼儀正しい。お年寄りを大切にし、孫や子供たちが老人の手を取りながら街を歩く姿をよく目にする。こうした「微笑みの国」と言われるタイは果たして安全な国なのか？

世界中でタイ人の「おもてなし」はトップクラスと言われている。多くの人はタイを訪れると、その優しい笑顔とワイ（タイ式挨拶）に魅了される。もちろんタイ人の多くは素晴らしい人たちだ。しかし、どんな国にも善人ばかりが暮らしているわけではない。

タイの国土は日本の一・四倍ある。人口は約六八〇〇万人で、首都バンコクの人口は一五〇〇万人である。タイの警察官は全国で二七万人、バンコクの警察官は一万七五〇〇人で、市民と観光客の安全を守っている。

前述したように、タイでの犯罪捜査で困った問題は、事件現場に集まる野次馬たちが勝手に証拠品を持ち去ってしまうことである。物的証拠がすべて荒らされてしまえば、犯罪事実の裏付けができず、容疑者を逮捕しても立件できなくなる。

またタイでは殺害現場の凄惨な写真がそのまま無修正で雑誌に掲載され、市内の至る所で売

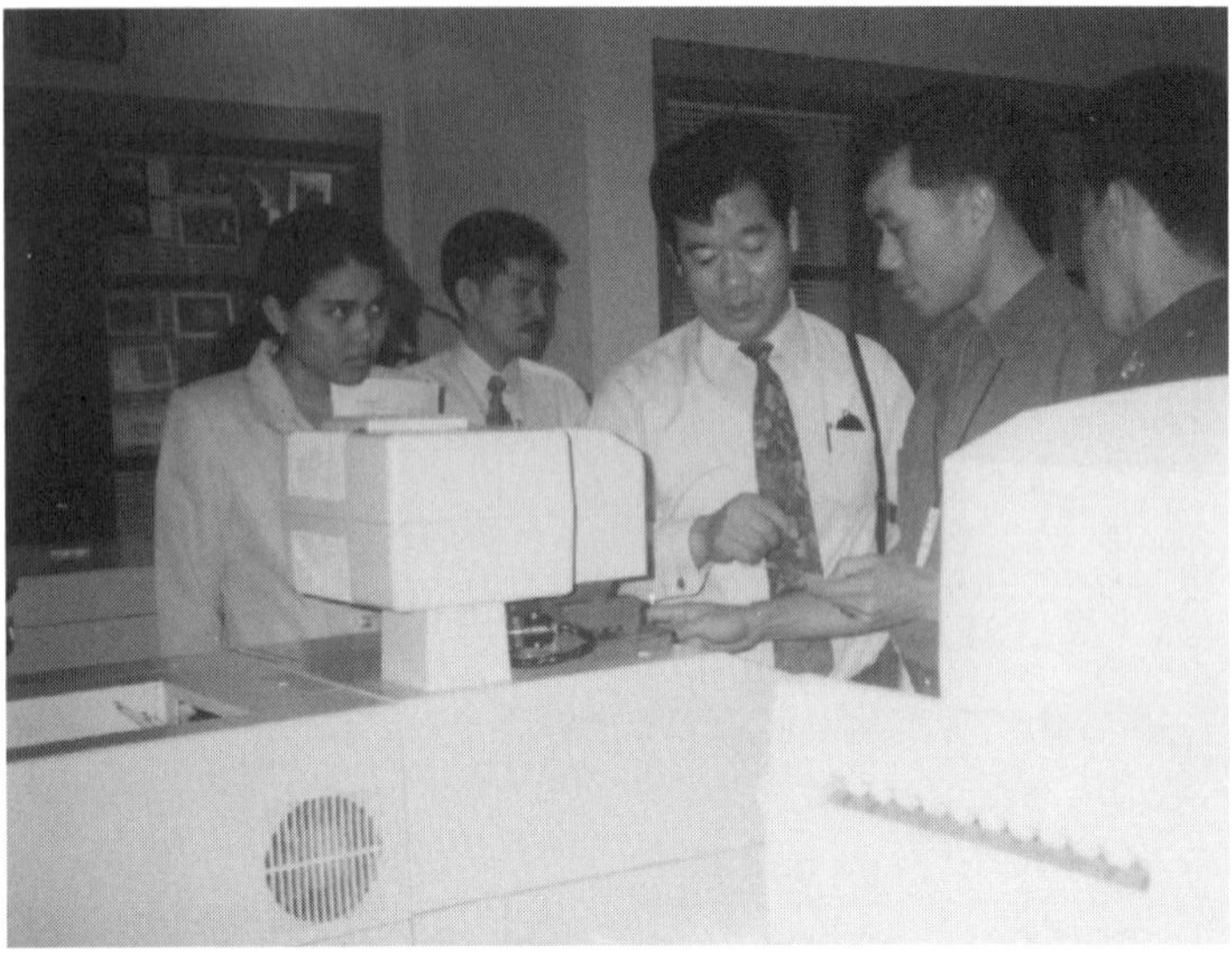

警察署内に写真現像処理機を設置することで、情報保全に大きく貢献した。

られている。そうした雑誌の売り上げは好調で、観光客もお土産代わりに買って行くほどである。

事件や事故で亡くなった人たちが、まるでさらし者のように扱われる現状に、いつも心が痛んだ。

当時、タイ警察の現場鑑識では、撮影した現場写真を街の写真店に出してプリントしてもらっていた。その店員たちが雑誌や新聞社に写真を横流しして、これまでに何度も事件現場の写真が掲載されてしまった。なんとしてもタイ警察の現場写真が外部に流出することを食い止めなければいけない。そこで私は、この対策についてJICAタイ事務所の小野田所長に相談した。

JICA（国際協力機構）は世界各国に

海外青年協力隊、指導専門家、シニアボランティアなど数千人を派遣してさまざまな活動をしている。ＪＩＣＡ本部には、発展途上国からさまざまな支援の依頼が毎日のように来ているという。私の思いが聞き届けられることを願いながら、小野田所長の返事を待った。

それからしばらくして、タイ国家警察局に最新の写真現像処理機が無償供与されることが決まったという知らせが届いた。小野田所長からの電話に私は喜びで言葉が詰まって「ありがとうございます」としか言えなかった。

二〇〇八年二月二〇日、現地の新聞、テレビはもちろん、日本の新聞社も取材するなか、タイ国家警察局の科学捜査部で写真現像処理機の引き渡し式が盛大に行なわれ、その様子は大きく報道された。

警察局内で現場写真を処理するようになったことで、それまで事件・事故の写真を売り物にしていた雑誌社二社がすぐにつぶれてしまった。

危険な労災事故現場検証

毎朝六時に起床し、身支度を整えて住まいのクルンテープ・アパートを出る。アノサワリー通りにはいつもの賑やかな街並みが広がり、コンビニの前ではバイクタクシーの運転手たちが

「大佐、おはよう」と声をかけてくる。ＢＴＳ（モノレール）駅まではバイクで二〇バーツ（約六〇円）だが、最近は国家警察局まで歩くのを日課にしている。

約四五分歩いて、執務室に着くと、いつものように科学捜査部の大部屋に顔を出し、宿直から報告を受ける。ロンおばさんが朝八時前に部屋の掃除に来てくれ、机の雑巾がけとゴミ箱をきれいにしてくれる。

その後、ノック少佐がバナナや蒸したピーナツを持って挨拶に来る。九時前には現場写真担当のヨッサン曹長がバナナの唐揚げを提げて現れる。彼は新婚で、奥さんのことをいろいろと話してくれる。

「いい奥さんでうらやましいね」と言うと、ヨッサンは得意になって、携帯電話を取り出して二人の写真を見せてくれる。「いいね」を連発すると、調子に乗ってさらに写真を見せてくれた。すると突然、奥さんの裸の写真が飛び出した。私はびっくりし、ヨッサン本人も大あわてで画面を変えようとするが、間違って拡大されてしまい、さらに驚いた。

サクシット中佐も朝九時に顔を出す。そしてこの時間になると事件現場の要請依頼が飛び込み始め、ペプシ曹長が事件報告に現れる。ペプシは飲み物の名前だが、彼が生まれた時にタイで初めてペプシが売り出され、両親がそれを飲んだらあまりに美味しくて記念にペプシと名づけたという。だが本人はペプシよりも酒が好きで、とくに日本酒の大ファンである。体全体で吸収するようにぐいぐい飲む姿は豪快である。

ペプシ曹長は、事件現場へ出動する際には必ず三階の執務室まで私を迎えに来てくれ、鑑識機材を運んでくれる。私はバナナを食べながら階段を下りて行く。

その日も出動要請を受け、部屋を出ようとすると、突然、アピラック将軍が姿を見せ、「トジマ大佐、今日はどこに行くのか?」と声をかけてきた。食べかけのバナナが口にあった私は返事ができず、外を指さし、そのままペコリと頭を下げてその場をやり過ごした。

中庭にはすでに現場鑑識車両が待機していた。車に乗り込みミンブリ県に向かう。車には五人の捜査官が乗車し、ノック少佐がいつものように無線機で本部の司令室に「本日の現場指揮官はトジマ大佐、六九歳。これから労災事故現場のミンブリに向かいます」と張りのある声で報告した。

バンコクの空は今日も朝から雲一つなく、太陽が頭上からジリジリと照りつける。第一報では高層ビルの建設現場での事故で、その状況など詳しいことはまだわからない。事故現場にはすでに大勢の野次馬が集まっていた。建設現場の周囲は民家が建ち並び、倒壊した大型クレーンが数軒の民家を押しつぶしている。クレーンが資材を吊り上げている途中でバランスを失い横転したようだ。

この事故で五人が巻き込まれて死亡した。足場の悪いなかでの現場撮影は危険がともなうた

大型クレーン倒壊現場で撮影する筆者。危険な現場は自らカメラを構える。

め、ペプシ曹長からカメラを受け取ると、私は撮影と計測を始めた。このような現場で二次災害を起こしては大変だ。危ない仕事は経験の浅い捜査官には任せられない。

検証の結果、建築現場の作業員が、クレーンの支脚を完全に固定しないまま重い鉄骨を吊り上げたため、その重量に耐えかねて転倒したことが判明した。

その日も気温はどんどん上がり、早くも四二度になっていた。三時間ほどで現場検証をすませると、所轄警察署長が私たちを昼食に招待してくれた。

機材を車に積み、エアコンを入れたが、外気が高いせいか、なかなか涼しくならない。車の窓を開けても閉めても暑さはほとんど変わらない。田舎道を警察署長の車について行くと、民家はなくなり、周りは水田が多くなってきた。田んぼには大きな水鳥たちが群がり、餌をついばんでいる。

ある草葺き屋根の大きな食堂の前で警察署長の車が停まった。危険な匂いのする食堂だ。出入り口は扉もなく、粗末なテーブルとイスが並んでいる。メニューは田舎料理という。プラスチック製の皿が手早く配られた。箸は竹を割っただけのもの。やはりカエルの唐揚げが竹カゴに山盛りになって出てきた。前回ひどい目に遭ったばかりだ。

プラスチックの皿にタイ米が盛りつけられてきた。ほかにはトウガラシであえた真っ赤な春雨サラダ。ペプシ曹長が私の皿に唐揚げと春雨を盛ると、みんな一斉に食べ始めた。私は唐揚げ以外の食べ物がないか探したが何もない。仕方なく皿のカエルをそっと口に運んだ。ノック少佐も心配そうな顔で私を見る。今回の唐揚げは前回のものより肉がやわらかくてうまかった。春雨サラダの強烈な辛さに、急いでコップの水を飲むが、やはり生ぬるかった。それでも今回は無事にバンコクに戻ることができた。

第4章　ふたたびタイ警察へ

タイ式の人付き合い

タイの路線バスは道路の中央に停車して乗客を乗り降りさせる。またバス停以外でも降ろしてもらえる。同じ路線を走るバスにも乗降口のドアと窓を開放したまま走る普通のバスとエアコン付きの少し料金の高いバスがある。通学通勤専用のバスもあり、学生は一〇円ほどで乗車できる。

バスは完全禁煙で、違反すれば五〇〇バーツ（約一五〇〇円）の罰金を取られる。バスは二四時間走っているので、深夜はクラブや飲み屋の女性たちで賑わう。彼女たちは靴下を履かず素足に靴を履いている。暑いタイで靴下やストッキングを履いているのは家柄のいい女性だけだ。日本人観光客は靴下を履いているのですぐわかる。

タイは真冬でも気温は三〇度から三三度もあるが、金持ちの子どもはマフラーに革製の上着を着ている。庶民は年中同じ服装だが、朝の気温が三〇度になると、みな寒い寒いと言う。日本人の私からすればそれでも暑いくらいで、一年中半袖のシャツで過ごせる。

事件の現場検証でタイ人の家に行くことも多い。一般家庭の玄関には下駄箱がなく、外にサンダルや靴を脱ぎっ放しにする。

警察官の仲間の家に誘われて行くと、家に入る前に靴を脱ぎ、その先のコンクリートの土間に腰をおろして食事をする。土間にテーブルなどはない。大事な客には、土間に新聞紙を広げてその上で料理を食べながらお酒をいただく。もし革靴を履いていたら、注意しないといけない。帰ろうとしたら私の靴だけが見当たらず、家族総出で探してくれた。しばらくして靴は見つかったが、近所の野良犬が口にくわえてじゃれていた。新品の革靴はあちこち噛みちぎられて、ボロボロになってしまった。

訪問先の家族は困った顔をして「ネハン・コトナーカップ（親方すいません）」と繰り返すだけだった。みな運動靴やサンダルを脱ぎっ放しにしているのに、野良犬はなぜか日本人の臭いのする私の革靴だけを気に入ったようである。仕方なく私はその家の奥さんからビーチサン

タイ国家警察は首都バンコクの中心地にあり、2700人の警察官が全土の25万人の警察官を指導する。唯一の日本人警察官としていまも勤務する。

ダルを借りてバンコクの自宅に戻った。サンダルを履いて街を歩くとすっかりタイ人になったような気がした。

タイで黒い革靴を履く人は公務員かビジネスマンくらいで、彼らはみな白いワイシャツを着ている。エアコンのないバスに乗る者はサンダルやぞうりで、エアコン付きバスに乗る者は靴を履いている。王宮、競馬場、ホテルのレストランなどではサンダルやぞうりは禁止されている。

ある日、執務室で事務処理をしていると、デイック大尉がひょっこりやって来た。近況を尋ねると、いまは地方の警察署で犯罪捜査官として勤務していると、明るい表情で答えた。今日の午後、裁判所に呼ばれていると言う。そして、私が教えた犯罪捜査のセミナーを受講したおかげで、どんな事件現場もまったく臆せず業務に取り組んでいると言う大尉の言葉には自信がみなぎっていた。うれしくなった私は、「よし、何かうまい物を食いに行こう」と誘うと、ディック大尉は笑顔で「食事なら何でもOKです」と即答した。

午前一一時三〇分、約束場所のサイアムセンター街にあるノボテルホテルの前に行くと数人の女性警察官が私に手を振った。ほかに面識のない二人の男性尉官もいる。ディック大尉一人を誘ったつもりだったのに、結局は総勢八人になっていた。

以前にも世話になったソンマイ大尉をご馳走しようと、デパートの地下にある「富士」という日本料理店に誘うと、彼女は自分の彼氏とその友だちを連れてきたことがあった。タイの警察官たちとも長い付き合いになるが、一対一で食事を誘っても必ず人数が増える。これがタイ式の社交である。

ディック大尉たちを連れて日本料理店に入り、大きなテーブルに全員が着席すると、ディック大尉は天ぷら定食（一一〇バーツ：約三三〇円）を注文した。ほかの者は刺身定食（一五〇バーツ）など勝手に注文した。タイ人が好む日本食は天ぷら定食か刺身定食が多い。西洋料理や中華料理は、宗教的な理由で食べられない食材が多いため気を使うが、その点、魚料理は忌避されることが少ないので喜ばれる。

屋台料理を一緒に食べ、何度も食あたりを経験しながら、仲間として受け入れてもらった。

タイ人が好んで口にする日本食は、ご飯と味噌汁だ。タイ米はパラパラするため、三分の一ほど餅米を加えると、日本のご飯に近くなる。味噌汁のダシは乾燥ワカメで、あとは味噌で味を整える。そして味噌汁には必ずスプーンがついてくる。

タイ人は味噌汁を飲む時はお椀を口に運ばない。食器を持ち上げることを嫌うので、スプーンですくって飲む。ご飯も皿に盛りつけてスプーンとフォークで食べる。刺身はカジキマグロとサーモンが主流で、箸で小皿に取ると、両面にワサビを塗って醤油をつけずに食べる人が多い。なかにはワサビをつまみに日本酒を飲む者もいる。ワサビ好きなタイ人は多いが、西洋カラシは苦手な人が多い。

バンコクのスリ被害

タイの焼けるような暑さを初めて体験した時、焼けたフライパンの上を歩きながら顔にドライヤーを当てられているような感覚だった。最初の数か月間は、事件現場に出動しても仕事をする前から大量に汗が出て同僚に笑われた。一日中汗をかいているので、汗疹《あせも》、水虫、股間はインキンタムシにやられてしまった。夜も寝苦しく、ベッドでは素っ裸で寝る日が続いた。

下着は、日本のイトーヨーカドーで購入したものをタイに持参した。これは一九九五年のオウム真理教事件で山梨県上九一色村に出動していた頃、いつ殺されるかもしれないと言われ、下着だけは毎日、新しい物を着て教団のサティアンと呼ばれた施設へ出かけていた。その時に買った下着がまだ大量にあったのだ。

ある日、日本から国際電話があり、元警察官で市役所に勤務している福永重孝・洋子さん夫妻がタイに観光に来るという。洋子夫人は姉御肌でとても面倒見がいい女性だ。そこで来訪の折に日本製の汗疹の薬などを買って来てくれるようお願いした。

元気のいい福永夫婦はバンコクへ着くとすぐに、東洋一といわれている「チャトゥチャック・ウィークエンドマーケット」に行きたいと言い出した。ここはとにかく広い。週末の二日間、チャトゥチャック公園の南側（東京ドーム三個分以上の敷地）に一万五〇〇〇軒ものお店が集まる。毎回三六万人もの市民や観光客がバンコク中心部からモノレール（ＢＴＳ）とバスでやって来る。観光名所としても有名で、日本人観光客も大勢訪れる。

バスを降りて歩道橋を渡るとゲート３の入り口。正面に白い大きな時計塔が見える。もしはぐれたらこの時計塔を目印にすればいい。

チャトゥチャックマーケットは二七のエリアに分かれ、通路は幅一メートルほどでどこも狭くて風通しが悪い。どの通りも買い物客で賑わっていて、とても一日ですべてを見て回ることはできない。

迷路のようなマーケットは、同じ店にもう一度行こうとしても二度と行けないほど広い。木彫りの細工物や家具、仏像、看板、銀細工、軍用品、タイシルク、陶器、アンティーク。さらに犬、猫、熱帯魚、小鳥、鶏、爬虫類まで売っている。もちろん家庭用品、惣菜、植木、野菜の苗まで何でもある。

私は二人に、このマーケットは昔からスリが多いので注意をするように注意したが、いざ中に入るとそんなことはすっかり忘れて、夫妻は解放的な気分に浸っていた。自分だけはスリ被害に遭わないと思っているようだが、それは大きな間違いである。

元気のいい洋子さんは、先頭に立って狭い通路をどんどん歩いて行く。日本では見ることのできない珍しい品々に囲まれて大喜びだった。ところが二時間ほどして突然、「あっ、パパ……どうしよう」と声を震わせた。見ると背負っていた小さなバッグが刃物で切り裂かれている。楽しそうだった洋子さんは、とたんに真っ青になって、「全然気がつかなかった。なぜやられたのかしら……」と言って落ち込んでしまった。被害は背負っていたバッグの小物入れの財布で、中には二万五千円ほどの現金が入っていた。パスポートと帰りの航空チケットはホテルに保管していて無事だった。

スリの手口はこうだ。第一の男がターゲットの前をゆっくり歩きながら狭い通路の人混みに誘導する。刃物を所持した第二の男がターゲットの後ろに立ち、バッグを素早く切り裂き財布などを盗み出す。見張り役の第三の男はその動きを見られないように壁の役割を果たす。もし見つかったら、見張り役が盾となって実行犯を逃がす。彼らはチームで盗みを繰り返す。モノレール駅のエレベーター付近でもスリ犯罪が多く発生している。犯人はアラブ系で、三〜六人ほどのグループで活動している。

建設現場の殺人事件

執務室でＪＩＣＡに提出する報告書を作成していると、階下の大部屋にいるソンマイ大尉が飛び込んできて、「トジマ大佐、事件現場への出動要請です」と言った。すぐに行くと伝え、中庭に急いだ。

現場へ向かう車内で、「俺はもうカエルだけは食べないぞ」と宣言すると、捜査官たちが一斉に笑った。

バンコク市内を抜け田園地帯に入ると、車線を越えて逆走する車が目につく。日本では考えられないが、タイ人は事故さえ起こさなければ車やバイクで逆走しても問題ないと考えている。警察も取り締まりはしない。

走行する車の荷台に老人や子どもが七、八人楽しそうに乗っている。きっと家族旅行だろう。風を切って走る姿はなんとも楽しそうだ。車窓にはサトウキビ、パイナップル、芋などの畑が広がる。走ること三時間半、目的地の小さな町に着いた。通りに地元の警察車両が出迎えに来ていた。

事件現場は五階建ての建設現場で、被害者は作業員の男女二人で、刃物で殺害されていた。

タイでは建設作業員は建設現場で起居する。トタン板で囲った飯場にはさまざまな職人が出入りするため、事件や事故があとを絶たない。

今回の事件は、朝起きると二人の作業員が血を流して死んでいたという。われわれが現場に入ると、まだ新しい血の臭いがした。風通しの悪いトタン屋根の薄暗い部屋には、空の酒瓶がいくつも転がり、薄汚れた布団に血しぶきが派手に飛び散っていた。被害者は四三歳の男性作業員と、仕事仲間の妻三七歳で、二人とも刃物でメッタ刺しにされていた。被害者家族に事情を聞いたが、なぜ殺されたか理由はわからないという。

キティ少尉にまず殺人現場の全景を撮影するよう指示した。現場は飯場なので、居住スペースなのか土間なのか区別がつかないが、家具などの生活用品が少なく検証はやりやすい。

私は遺体を確認した。二人は普段着のまま仰向けに倒れており、遺体の傷を投光器で照らす。この投光器は警視庁の光眞警視からタイ国家警察に贈られたものだ。現場検証の結果、小屋にある履物に米粒大の血痕を数個発見した。

顔の刺傷痕が思っていたより多く、胸部や腹部の傷も多い。その刺傷痕の数から外部の人間が忍び込んで殺害したのではなく、被害者に何らかの恨みがある犯行と思われた。

私はノック少佐に関係者全員を広場に集めるように指示した。その間に二六棟ある小屋を一棟ずつ投光器で照らしながら犯罪に関係する証拠品がないか捜索した。

どの小屋も足の踏み場もないほど、汚れた衣類が散乱し、そのまわりを無数のハエが飛び回っている。室内の気温は三九度、ここで寝起きしている作業員とその家族は扇風機一つで生活している。日本人ならすぐに熱中症で病院行きだが、ここの住民は暑さにまったく平気な様子だ。

しばらくするとノック少佐が、作業員とその家族、下働きの女も含めて全員、広場に集めたと報告に来た。

集められた住民は誰も口をきかず、男も女も、子どもも目の玉だけがギョロギョロと動いている。作業員の多くはガリガリに痩せ、髭面で浅黒く日焼けしている。全員を横一列に並べ、私は一人ひとり観察した。炎天下の中、一時間以上かけてじっくり見ていく。額からは汗が滴り落ちる。路上に整列している作業員たちもいつもと異なる状況に珍しく大粒の汗をかいていた。

ほかの捜査官は飯場の中を調べている。五〇人ほど進んだところで一人の男のビーチサンダルの爪先に、小さな血液の飛沫痕を見つけた。それはとても小さく、普通ならば見落とすような飛沫であった。その男は殺された女の夫だった。

私は、その男を再度、頭から足先まで調べる。部屋から二人を殺した物的証拠はまだ見つかっていない。私は無言でその男の前に立ち、男の目をじっと見つめると、両手の指先が小さく震えたのを私は見逃さなかった。さらに右手の人差し指の第一関節に布を巻いていることも気になった。布はまだ新しく、私が布を外すと、そこには切割痕《せっかつこん》があった。

この傷はどうしたのかと聞くと、男はあわてた口調で仕事中に刃物で怪我をしたと言う。よく見ると右手の中指の爪床部にわずかな血液に似た色着があった。それについては聞かずに観察を続けた。

私は男の小屋に行き、キティ少尉に室内を俯瞰で撮影させながら、念入りに調べた。すると床面のシートの一部が浮いているのに気づいた。そのシートをめくり、床板をはがして下を覗くと、小さな包みを発見した。中からは血の付いた下着と包丁が出てきた。男の右中指の爪にある血痕と、包丁に付着した血液を鑑定するため証拠物として採取した。

そして、ノック少佐に指示して取り調べを続けた。観念した男は犯行を自供した。犯行動機は妻の浮気で、嫉妬にかられた夫が二人を殺害したことが判明した。

奥深い「ワイ」の挨拶

朝七時三〇分、定時に国家警察局へ出勤すると、まず科学捜査部の大部屋に顔を出してから、三階の自分の執務室へ上がる、途中で掃除のロンおばさんに会った。彼女は朝早く来てみんなの部屋を掃除して回っている。

私は会うと必ず「サワデーカー、ワニーコップンカー（おはよう、今日もありがとう）」と彼女に声をかける。「おはようございます」は、男性なら「サワデークラップ」、女性なら「サワデーカー」。「今日もありがとう」は、男性なら「ワニーコップンクラップ」、女性に対してなら「ワニーコップンカー」と言う。

小太りのロンおばさんは、ニコニコしながら手に提げていたバナナの房《ふさ》を差し出して「食べて下さいね」と言って、バナナの講釈を始める。バナナは一本の木には一つしかならない。その一つに一〇から一五段の房がついている。タイのバナナは日本で有名なフィリピン産よりも甘くて美味しい。ひと房約四〇本で、日本円で約四〇円くらいだ。

しばらくすると、ノック少佐が部屋に入って来てワイ（合掌）の挨拶をする。私もワイを返した。

ワイはタイの日常の挨拶のスタイルで、右手（清浄）と左手（不浄）を合わせることから、人間社会の真実を表現していると言われている。日本人が合掌をするのは仏前や神前に限ったことだが、タイではすべての挨拶に使われる。テレビのニュースキャスターも番組の冒頭で必ずワイをする。日本のお辞儀と同じである。

タイ警察局で一日仕事をしていると「初めまして・おはよう・こんにちは・ありがとう・さ

ようなら・すみません」のすべてがワイによって表現される。

ワイを先にするのは年下や階級が下の者からで、ワイをされたら必ずワイを返すのが礼儀である。ワイはきわめてシンプルな作法だが、奥が深い。仏前、王族、年長者、両親、階級が上の者の前では、両手を額の前あたりの高い位置にして、頭も深々と下げてワイをする。この時、ワイを受ける側は相手を見下ろすように合掌する。タイ人は頭を神の宿る場所として大切にしているので、年下の者は、年長者よりも頭を下げてワイをする。女性はワイをするときには膝をチョコンと曲げて体全体を低くする。

正しいワイの作法を知らない観光客が誰に対しても同じワイをすることに、タイ人は侮辱されたと感じることが多い。間違った作法は相手を不愉快にさせるどころか、不幸をもたらすとも言われている。私も赴任して間もないころ、同僚の自宅に招かれた時に、小学生の子供に先にワイをしてしまい、その母親から注意されたことがある。子供よりも早くワイをすると、その子供は早死にすると言われており、とても嫌がられる。

警察局に出勤して廊下や階段で行き会った警察官たちから、次々にワイをされると何だか仏様にでもなったような気持ちになる。着任早々の頃などは警察官と行き会うたびに両手を目の高さに上げてワイされるので、緊張して疲れてしまった。はじめは気恥ずかしかったが、それでも馴れると気分よくワイを返すことができるようになった。

タイには魅力的な女性が多いのは当然として、優しい響きの「サワデーカー」と言われながら、膝を軽く曲げたワイをされると、日本人男性はたちまちタイのファンになってしまう。

僧侶や仏像を拝む場合には完全にしゃがんでワイをする。その時は履物を脱いでワイをする決まりである。毎朝、街の通りで托鉢の僧侶にタンブン（お布施）するタイ人たちが路上で裸足になって地面にひざまずく光景をよく目にする。

「俺がその姿を見届ける」

三年間のタイ警察派遣も終わり、私は日本へ帰国することになった。トチャイ将軍をはじめ大勢の警察官が空港まで見送りに来てくれた。空港のロビーには現場鑑識技術を最初に教えた若い女性警察幹部二〇人ほどがバラの花束を持って待機していた。

別れ際、若い女性士官たちが涙を浮かべながら「今度いつタイに来るの？」「必ずタイに戻ってきて欲しい」と口々に言われると、言葉に詰まって最後の挨拶ができなくなった。トチャイ将軍からも「トジマは俺の弟だ。トジマの居場所はいつでも空けて待っているから早く戻ってこい」と言われた。搭乗時刻になり、後ろ髪を引かれつつゲートに向かうと彼らは見えなくなるまで手を振ってくれた。

驚いたことにトチャイ将軍が私についてきた。国際空港のイミグレーション（通関）はすべて警察の管轄で、将軍は空港内を自由に出入りすることができる。私はトチャイ将軍に「一緒に日本に行きますか？」と冗談を言うと、「バカヤロー。早くお前のパスポートをよこせ」と言った。

パスポートを渡すと、将軍はニッコリ笑って、免税店でタバコや奥さんの化粧品を買いあった。それを秘書官に持たせると、「じゃあ、また」と言って去っていった。何事にも抜け目のないトチャイ将軍は私の見送りを利用して買い物に来たのだ。私は将軍の後ろ姿を唖然と見送った。

帰国後の二〇〇〇（平成一二）年、警視庁似顔絵捜査員制度が正式に認可され、その捜査員第一号に任命された。一九七二年に最初に犯人の似顔絵を描いてから二八年、ようやく捜査手法としての似顔絵が認められたのだ

最初は誰も似顔絵に関心を示さず、当時は最新のモンタージュ写真がもてはやされていた。そんななか私は一人で似顔絵を描き続け、犯人逮捕につなげた。いつか皆に似顔絵の重要性がわかってもらえる日が来ると信じ、犯人を検挙したい一心で似顔絵を描き続け、その願いがやっと形となったのだ。

二〇〇一年、警視庁を定年退職すると、似顔絵の指導官として嘱託勤務を打診された。「警

視庁似顔絵捜査員001号」として世間からも注目され、似顔絵捜査制度を本格的に普及したいという思いが強かった。同時に私の定年退職を待っていたタイ国家警察局から、事件現場の鑑識実技を指導してくれないかという申し出が正式に届いた。毎日のようにタイ警察から国際電話がかかってきた。なかでも国家警察局人事監察官のトチャイ将軍からは熱心に誘われ、「空港まで迎えに行くからいつタイに戻るのか」と催促された。

日本で似顔絵の指導をするのもやりがいのある仕事だが、タイのことも気になり、どちらを選ぶか迷った。毎晩、亡き妻の仏壇の前で一人焼酎を飲みながら自分の進むべき道を深夜まで考えた。

なかなか決断ができない私は警察学校時代の恩師である田宮榮一氏に相談した。「一度きりの人生を精いっぱい生きたい」という私の思いをじっと聞いてくれた田宮氏は、ひと言「お前は男になれ」と言った。そして「南の灼熱の大地で日本男児の魂を燃えるだけ燃やして、これからの第二の人生を思う存分生きてみろ。俺がその姿を見届ける」。この言葉で私はタイに行く決心がついた。

翌朝、仏壇に線香をたむけ、妻にタイ行きを報告すると、荷物をまとめ息子と妹に別れを告げて、一人タイに向かった。

ドンムアン国際空港では多くの警察官から歓迎を受けた。国家警察局では局長のアタポン将

2000年夏、似顔絵捜査の実績が評価され、警視庁において「似顔絵捜査員制度」の導入が決定された。筆者はその「001号」として刑事部長から捜査員31名を代表して任命書を授与された。

似顔絵指導員として後継者の育成にあたっていたが、2002年9月、タイ警察の要請を受け、ふたたびタイに渡る。ドンムアン国際空港で歓迎を受ける筆者。

軍が笑顔で迎えてくれ、私の右手を掴み無言で握り締めた。アタポン将軍は、警察幹部を養成する警察大学とポリス・アカデミーの最高責任者でもある。

私が以前まとめた鑑識の教科書は、その後、最新の検証方法と爆弾処理法などが追加され、今やタイ全土の警察官の教範として広く使われている。私が日本に帰国して不在だった四年間の鑑識資料を見せてもらうと、私が手探り状態で指導してきた日本の鑑識技術がタイの若い幹部警察官たちにしっかりと引き継がれていることが確認できた。私は「タイに戻って来てよかった」と思った。

麻薬密売人との銃撃戦

タイに再着任した私は、警察大佐として鑑識捜査の現場に復帰することになった。執務室も科学捜査局二階にある元将軍の部屋が与えられた。部屋にはエアコンが効き、天井には大きなファンがゆっくり回転している。日本の警察署の署長室よりも大きな部屋で、慣れるまで時間がかかった。

翌朝、科学捜査部の局長や将軍・佐官・尉官らが次々と挨拶に来てくれた。日本であれば、こちらから挨拶に行かなければならないのに、タイでは逆にわざわざ部屋にまで来てくれた。

その後、体格のいい現場写真係のヨッサン曹長がビニール袋を提げて部屋に入ってきた。互いにワイの挨拶をすると「これは近くの屋台で買って来たのですぐに食べて下さい」と言う。中を見ると以前に何度も差し入れてくれたバナナの唐揚げである。

「こんなものをばかり食べているとますます太るぞ」と言いながらひと口食べると、なつかしい味がした。「うまいねー」と笑うと、気をよくしたヨッサンは、昼にバナナの唐揚げを売る店に連れて行ってくれた。店は大通りに面していて渋滞した車の排気ガスが漂っていた。

ヨッサンは店のおばさんに「俺の上司の日本人大佐がまた帰ってきた。大佐はこの唐揚げが大好きで、毎日買いに来るからよろしく」と紹介した。大鍋の油はすでに酸化して真っ黒で、バナナを揚げているというより黒い油で煮ていると言うほうが正確かもしれない。見ているだけで胸やけがする。

おばさんはその鍋から素手でバナナを掴むと、新聞紙にクルクル巻いて私に差し出し、「これは最高にうまいバナナだ」とにっこり笑って言った。困った私は、一緒にいたソンマイ少尉に「君はいつもいい仕事をしているので、これをあげよう」と言って手渡した。ソンマイ少尉はその場で不動の姿勢をとり「コップン・クラップ（ありがとう）」と言って喜んで受け取った。

タイに来て五日目、バンコク最大のスラム街クロントイで、麻薬の売人と警察官とのあいだで激しい銃撃戦が発生し、数人が死亡したという連絡が入った。私は鑑識官らを連れて、銃撃戦の現場へ急いだ。

これまでスラムには捜査で何度も入ったことがある。トタン板で囲っただけでの小屋が建ち並び、うっかり入ると出口がわからなくなるほど、小さな路地が入り組んで、まるで迷路のようだ。スラムには怪しげな店やいかがわしい場所も多くあり、「娘を買ってくれ。今晩は安くする。クスリもあるよ」と声をかけてくる。

スラムの中からはまだ銃声がするが、敵が撃っているのか、味方が撃っているのかわからない。街路灯が点灯し始め、あたりは暗くなってくる。スラムの外で車を停めてしばらく待機していると、やがて銃声が止んだ。

しばらくするとTシャツ姿で髪の毛がボサボサの男や髭面の男たちが数人スラムから出てきた。手には拳銃が握られている。彼らはみな麻薬捜査官だった。

入れ替わりにスラムに入ると、路地の奥に四人の遺体が横たわっていた。私は部下に周囲の状況確認と現場写真撮影、指紋の採取を指示した。遺体の検視をしていると、タイ警察庁長官のサン大将が視察に現れた。日本では警察庁長官が現場に来ることはまずないが、タイでは重大事件の現場を視察に来ることがよくある。

サン長官はしばらく現場の様子を見ると、私に気づいて、「あなたはどこの警察官ですか？

国はどこですか？」と低い声で尋ねられた。鮮血の流れる現場には大勢の警察幹部が立ち会っていたが、誰も長官と私の会話に口をはさむ者はいなかった。

私はその場で敬礼すると、「日本人の警察大佐のトジマです」とタイ語で応対した。サン長官は小さな声で「ありがとう。あなたのことは聞いて知っています」と言って、握手を求めてきた。私も緊張しながらそれに応じた。

この日は、ちょうど日本テレビのドキュメンタリー番組の密着取材の二日目で、若いディレクターが同行していた。さらに現場検証を続けていると、突然、スイット大尉から無線連絡が入り、トンブリにあるデパートの駐車場へ移動するよう指示された。そこでも新たな銃撃戦が発生したとのことだった。それぞれの拳銃を確認すると弾薬を装塡して現場に向かった。

デパートの駐車場に到着すると、その五階と六階で激しい撃ち合いが続いていた。テレビ番組のカメラマンも同行させながら、現場に近づくと、広い駐車場では双方の撃った銃弾が車に当たって跳弾となり、とても危険な状態だった。姿勢を低くして状況を伺っていると、犯人側か警察官か、走り回る足音と銃声だけが聞こえてきた。一時間ほど銃撃戦が続き、やがて静かになった。

私は現場鑑識の捜査官を集め、作業に着手した。現場には六人の遺体があり死亡を確認した。拳銃使用確認のため、麻薬捜査官全員の親指と人差し指の硝煙反応も調べた。

鑑識作業終了後に報徳善堂のボランティアに遺体を警察病院の法医学部局へ運ぶよう指示した。

サン警察庁長官からの依頼

銃撃事件から二日後、現場鑑識の捜査官らが私の執務室に集まり、蒸しピーナツとバナナの唐揚げをつまみながらおしゃべりをしていた。すると突然、制服姿の科学捜査部局長のサタマーン中将が現れた。ふだん局長自ら執務室に来ることはない。その場にいた若い幹部尉官たちは小鳥のようにあわてて部屋から飛び出した。

サタマーン局長は「トジマ大佐、長官のサン大将が呼んでいるのですぐに来てくれ」と言う。局長もサン大将に呼ばれることはほとんどないので、私より緊張している様子だった。途中、すれ違う警察官たちが敬礼しても、すべて無視して急ぎ足でサン長官の部屋へ向かう。私も急いで局長のあとに続いた。

タイ警察庁長官のサン大将が私に何の用があるのだろう。日本へ帰国命令が出たのか。部屋の前に着くと、秘書官が出迎えてくれた。長官室は高級ホテルのロビーのようで、そこでサン長官は笑顔で待っていた。

タイ全土の警察で鑑識活動のセミナーを行なう。実際にタイの現場で撮影したものを教材にすることで、プライドの高いタイ人に受け入れてもらえた。

「数日前にスラム街で発生した一連の銃撃戦は激しいもので大変な夜だった。この麻薬撲滅戦争は国を挙げての作戦だ。一か月で数千人の麻薬関係者が逮捕され、撃ち殺された」

サン長官はタイの治安状況を詳細に話されたが、どうやら現場で日本人警察官が活動していたことに驚き、その礼を言いたくて私を呼んだことがわかった。

そして、「タイ国家警察の底上げをこれから始める。士官学校の卒業生から精鋭二〇〇人を選抜してトジマ大佐に再教育してもらいたい」と依頼された。

これまでは地方の警察署を対象にしたセミナーや現場指導が中心だったが、これからはタイ全国から鑑識官を国家警察局に集めて犯罪捜査の教育をしてほしいと言う。長官直々の依頼に身の引き締まる思いだった。その後は長官が若い頃に旅行した東京や箱根、日光の思い出話で盛り上がった。

翌日、この依頼はタイ警察庁長官の談話として私の写真入りで大きく新聞で紹介された。科学捜査局長のサタマーン中将からは「タイでは鑑識官が現場に到着する前に報徳善堂が遺体を動かしたり、証拠品を持ち去るため現場検証ができなかったことがたびたびあった。これまでの証言中心の捜査から、証拠品の採取に基づいた捜査活動に移行できたのは日本の指導、支援のお陰だ」と感謝の言葉をいただいた。

チャイナタウンの女

ある休みの日、自宅を出てチャイナタウンに向かった。休日は、カメラを持ってバンコクの街を散策することにしている。フワランポーン（バンコク中央）駅を抜けて中華街に着くと、中国語の看板と派手な赤色の飾りが目に飛び込んできた。ふだんはタイ語と英語を使って生活しているので、発音こそ違うものの漢字には親しみを覚える。

通りには金製品を売っている店が軒を並べ、どの店も多くの客が出入りしていて活気がある。街には漢方薬の香りが漂い、匂いをかいでいるだけで元気がもらえそうな気がする。

路上ではタイ人や中国人が新聞紙や布を広げ、さまざまな物を並べて売っている。なかでも粘土に金箔をほどこした仏像のお守りが多く、買い手と売り手が長い時間をかけて価格交渉をしている。このお守りは年代物になると驚くほど高い値段がつくらしい。

タイ人はそのお守りを金製の枠に入れて首から大切に提げている。金持ちは高価な仏像のお守りをいくつも身につけている。当然、警察官も首から提げている。

私もある寺に事件処理で行った時にお守りをいただき、交通事故に遭わないように、刃物で襲われても刺されないように、拳銃で撃たれても当たらないようにと、肌身離さず大切にしてタイ人と同じ気持ちで生活している。

だが、殺人現場で鑑識活動をしていると、首に仏像のお守りを提げた遺体を取り扱うことが多い。なぜお守りが役に立たずに殺されたのかと、同僚の警察官に聞くと、もっと寺にお参りをしていれば助かったと真面目な答えが返ってきた。

路上の店をすり抜けるように歩いていくと、昼間にもかかわらず、年配の娼婦が二〇人ほど並んで、道行く男性に声をかけていた。その中の一人の女性と目が合った。どこかで見た顔だなと思っていると、相手は「あっ、しまった」という表情で目をそらした。しばらくして、その娼婦は同じアパートの住人で、たまに屋台で飲み食いする顔なじみの一人だと気づいた。お互いに仕事の話をしたことはないが、中国人街の薄暗い路地で働いていたとは知らなかった。

さらに路地の奥を進むと、古い置物、ラジオ、携帯電話、万年筆、カメラ、玩具、履き古した革靴、壊れた時計などが山積みされている一画に出た。どう見てもすべてガラクタである。それでも大勢の人が足を止めて、ゴミの山を物色している。彼らは何が欲しいのか、この不思議な光景をカメラで撮影した。通行人に「ここは何という街か?」と聞くと、面倒くさそうにひと言「泥棒市場」と答えた。

こんな大きな市場は見たことがないので、欲しい物も特にないがガラクタの山を眺めていると、盗品まがいの物がかなりあるようだ。いや本当にすべて盗品なのかもしれない。これまで何度も盗難現場に臨場しているが、驚くことにタイの泥棒は日本と違って、目につく物をすべて持ち去る。それをこのような「市場」に持ち込めば、現金化できるのだ。

後日、タワチャイ大佐に聞いてみると、「あそこはタノン・ヤワラート泥棒市場といって、週末は四八時間営業している」と言う。地図にも正式な名称として記載されていた。泥棒市場に行けば、新品ではないがどんな物でも揃う。東京・秋葉原の電気街のような一画の先には、銃器を扱う店が五〇軒ほど並んでいる。ここでは三八口径の回転式拳銃、散弾銃、ライフルなどさまざまな銃が売られている。一般市民も自由に拳銃を買うことができ、高いもので十数万円ほど、安いものなら一万円以下で買える。

数日後、自宅アパート前の屋台でタイの友人と食事をしていると、チャイナタウンで見かけた娼婦に笑顔で挨拶された。そしてタイのビールを一本差し出された。おそらく街で彼女を見かけたことへの口止め料なのであろう。私は少し躊躇したが、そのビールをいただいた。

タイの友人に「トジマは日本人なのに、いろんな知り合いがいるね」とよく感心される。私の住むアパートはとても古い建物で、この下町でもよく知られている。部屋数は一四五もあり、さまざまな人が住んでいる。ただ日本人は私一人しかいない。なぜあんな汚いアパートに住んでいるのか、日本人仲間からよく聞かれる。

私はタイの警察官と生活水準を同じにして、同じ目線でいたいと常に考えている。日本人だからといって特別な物は食べず、同僚の警察官と同じものを食べ、現場で同じ汗をかき、事件を解決する苦労を分かち合いたいと思っている。だから家賃一万五〇〇〇円の安アパートで暮らしている。それでもタイ人から見れば普通以上のアパートである。

このアパートに住む女性の多くは夜の仕事をしていて、遅くに酔っぱらって帰ってくる。時には女どうしが廊下で客の取り合いの大喧嘩をしたり、拳銃の発砲音がしたりと、なんとも騒がしいアパートである。

週末には、いろいろな訪問客がやって来る。なかには日本人駐在員らしき男性が連れ立って飲み屋で知り合った女性の部屋に手土産持参で現れる。エレベーターで一緒になっても、まさか同乗しているのが日本人とは思わず、仲間どうしで楽しそうに日本語で猥談を楽しんでいる。どんな立派な人間でも裏で何をしているかわからない。当然、奥さんには内緒だろうし、問題が起きなければいいと願っている。

引っ越し先は事故物件

チャイナタウンの娼婦と顔見知りになってしまったため、私の身分がばれる前に次の住まいを探すことにした。交通の便がよく、家賃が安くて警察局に近い場所を探すといくつか候補が見つかった。下見した結果、バンコク中心街を走るスクンビット通りに近い部屋を決めた。

スクンビット通りは、道に沿って魚の骨のように路地が交差している。その路地を「ソイ」と言い、北側には奇数、南側には偶数の数字が振られている。私の住むソイ7は人通りも少なく、昼間も静かな地域である。こんないい部屋が空いていたことに感謝すると、仲介してくれた不動産屋は「特別にメイドを付けて掃除・洗濯はもちろん、週に一度ベットカバーのかけ替えをします」と申し出た。

さっそく私は、ソイ7にあるホテルアパートに引っ越した。管理人も顔を合わせると、ニコニコと愛想がいい。こんなにいい条件にもかかわらずほかに日本人は誰もいないようだ。不思議に思って不動産屋に電話した。

「このアパートはいい物件ですが、何か問題があるのですか?」

社長は笑って「何もないです」と言葉少なく答えた。

数日後、JICAの小野田所長から「新しい部屋はどうですか?」と電話があった。新居の詳細を話すと、「きっとそこは幽霊が出る部屋だ」と言う。長い間、部屋の借り手がないのは、そこが訳ありの物件のせいだと、所長は断定した。

鑑識捜査責任者のナット中佐にこの話をすると、中佐は鑑識の大部屋へ電話して何か指示をすると「すぐに持ってこい!」と怒鳴った。電話で呼ばれたチャー中尉がぶ厚い書類を小脇に抱えて階段を駆け上がってきた。

書類を受け取ったナット中佐は、慌ただしくページをめくっていく。しばらくすると手が止まり、大きくため息をついて、無言で私に差し出した。そこにあるのは建物の写真で、どう見ても私が引っ越したアパートだ。ページをめくると殺人現場の写真が出て来た。遺体は外国人の若い娘だった。

部屋の間取りも今と変わりなく、私が新しく生活を始めた部屋に間違いない。全裸で刺し殺された仰向けの女性が横たわるベッドは、私がいま使っているベッドと同じものだ。内装もまったく変わっていない。一緒にいたチャー中尉が「トジマ大佐、この殺人事件と、その後に自殺が二件、この部屋でありました」と小声で教えてくれた。

バンコクの一等地にあるアパートが相場の三分の一の家賃でメイド付き、掃除・洗濯もサービスと言われれば誰でも心が動くが、事件続きの問題物件であることを知ればみな逃げてしまうだろう。掃除のメイドも怖くて部屋には入らないのではないか。

いろいろ話を聞いたが、いまさら怖いからキャンセルするという訳にはいかない。タイ国家警察局の現場鑑識の警察大佐が、事件のあった部屋が怖くて逃げたという噂が流れたら、警察官もやはり人の子かと笑われてしまう。警察の威信にかけて、お化け屋敷でもどこでも住んでやると決心して、そのまま部屋に居座ることにした。

ＪＩＣＡの小野田所長にその経緯を電話で伝えると、「うぅ〜ん」とため息をついたきり、あとは言葉にならなかった。

数日後、執務室に出勤すると、数人の若い女性幹部が、タイのお守りをそれぞれ持ってやって来た。トジマ大佐は幽霊が大好きという噂が科学捜査部で話題となっているという。それでもやはり心配なのでと、お守りを用意してくれたらしい。一人の女性幹部が「大佐は、女の幽霊が好きなんですか？」と真顔で聞くので返答に困った。

その後、日本人の知り合いやＪＩＣＡの職員を部屋へ飲みに誘っても、誰も来なくなってしまった。私は泥棒市場で木彫りの観音像を格安で買ってテレビの脇に祀り、女性警察官からもらったお守りを一緒に並べて朝晩手を合わせて故人の冥福を祈るようにした。

それから数か月後、小野田所長から久しぶりに電話があった。飲み会の誘いかなと期待していたところ、「ちょっと事件です」と言われた。話を聞くと、スクンビット通りソイ21の高層マンションに住んでいるJICA職員の男性が、深夜二時過ぎになると二〇歳前後の女性が寝室に現れて、寝ている足元で何やら紙を破りながら泣いているという。その若い職員はすっかりノイローゼになってしまい、仕事も手につかない状態なので調べて欲しいとのことだった。

その日の夕方、部屋に行ってみると、青白い顔をしたパジャマ姿の彼が迎えてくれた。何をしているのかと聞くと、ベランダから夕陽をボーっと眺めていたという。その様子からかなり憔悴していることがわかった。

「毎晩出てくる女の幽霊は昔の彼女か？」と意地悪な質問をすると、顔色を変えて「彼女ではありません。その幽霊にまったく心あたりはありません。見たこともない女です」と答えた。

彼の部屋の白壁には、川崎大師の厄除けのお札が一枚貼ってあった。私はその場で声に出して笑った。「何がそんなに可笑しいのですか」と不機嫌な顔をして彼が尋ねる。私はその顔を見てますます可笑しくなった。

「タイの幽霊が川崎大師のお札を読めるかな？　タイの幽霊にはわからないよ」と説明し、「幽霊に効くお守りと効かないお守りがある」と冗談を言うと、彼は目を丸くして驚いた。

「女の幽霊と対面するために、今夜は私がここで見張りをするので、隣の部屋で寝てください」と言って、持参したメコンウイスキーを飲みながら幽霊が現れるのを待った。

室温が高すぎると幽霊も出にくいと思い、エアコンを効かせて幽霊にも気を遣った。腕時計を見ると二三時四五分。幽霊が出る午前二時まではまだしばらくある。それでも少しずつ緊張し、幽霊とどんな話をしたらよいかなどいろいろと考えていると、隣の部屋で音がした。「出たか!」と思って、時計を見ると午前六時三〇分。カーテンの隙間から朝の陽射しが入り込んでいた。

これには私も驚いた。いつの間にか眠ってしまったようだ。隣室の彼が顔を出して「出ましたか?」と心配そうに言う。私は即座に「昨夜はしっかり見張りをしていたので、幽霊が嫌がって出てこなかったようです」と返事すると、彼は「戸島大佐のいびきが凄くて幽霊も近寄れなかったのですね」と笑った。ウイスキーのボトルを見ると半分くらいなくなっていた。

私は「この部屋には、もう幽霊は出ないよ」と、彼を安心させて早々に引き上げた。実際、その後、彼の部屋に幽霊が現れることはなかった。

その数日後、スクンビット通りの居酒屋で友人と酒を飲んでいると、タイ日本人会の清水氏から電話がかかってきた。

「戸島大佐は今どこにおられますか? 日本人が死にました」と言う。私は飲みかけのビールをそのままに居酒屋を飛び出し、ソイ21の現場に急いだ。その建物の手前でハッと気がついた。ここは幽霊騒ぎで来た高層マンションだ。建物の下にある黒い塊の周りを七、八人が取り囲んでいた。その中の一人が電話をくれた清水氏で、企業の現地法人の社長を務めている。

説明によると、マンションの一四階に住む日本人男性が帰宅後、妻と口論になり、その後ベランダでタバコを吸っていたが、そのまま飛び降りたという。清水社長と一緒に一四階の部屋へ行くと、会社の同僚の妻たちが数人来ていて、夫を亡くした妻を囲みながら泣いていた。

死亡した男性は日本から派遣された駐在員で、妻の両親がタイに来る日が会社の行事と重なっていて、夫婦間で会社を休む、休まないでもめていたことがわかった。その前夜も妻から詰問されていて、それが原因で発作的に飛び降り自殺したと思われた。

私はすぐに遺体を移動するよう指示した。その後、大勢の報道関係者が集まってきたが、すでに遺体は移動し、大量の血痕も水で洗い流したあとだったので、カメラマンたちは現場の写真を撮影できず、口々に文句を言った。

ソイ21の高層マンションでは、これまでに事件や事故が数件起こっており、呪われているのではないかという噂が流れているという。私は調子に乗って、数日前に幽霊を確認しに来たことを地元の警察官に話すと、「本当に幽霊は出ましたか？　男ですか、女ですか？」と質問攻めにされた。

幽霊のことをタイ語では「ピー」と長く発音する。タイ人は「ピーが出たとか、見た」

と言うと大騒ぎする。ほかに短く「ピー」という言葉もあり、これは生活の中でよく使われる言葉で、目上の人を尊敬を込めて呼ぶときに「ピー○○さん」と使う。うっかり意味を知らずに目上の人に「ピーー」と長く言ってしまうと、大変なことになるので、言葉の使い分けは難しい。

その後、私の新居にも異変は起きなかった。これまで事件や事故処理で何万体という遺体を取り扱い、多くの仏の近くで仕事をしてきたが、私自身、これまで幽霊に遭遇したことは一度もない。

たくましいタイの人々

家の近くの屋台で食事をしていると、托鉢のお坊さんが立ち止まって、お経を唱え始めた。すると周囲にいた人たちがいっせいに裸足になり、歩道に膝をついて、お坊さんに向かって合掌して一心に何かを唱え始めた。タイの家庭には仏壇や神棚がないので、このような機会にお祈りをするのだ。そんななかで一人食事しているのが申し訳なくなり、私もあわててお坊さんに手を合わせて、その日の無事をお願いした。

屋台は商店の軒下を借りて営業している。朝は通勤客や学生が慌ただしく朝飯を食べ、夜は飲

少年のお坊さんに合掌するタイの女性。バンコクの街角でよく見かける光景。

み屋となり、いつも人が出入りしている。

また、ここを拠点にしているバイクタクシーの運転手がいる。常連になると、バイクにまたがれば、何も聞かずに目的地まで運んでくれる。料金は乗った距離で変わる。

緊急呼び出しの際には、車のタクシーよりも早く現場に到着できる。さらに一刻を争うときは、チップをやると車線を逆走したり、歩道上を歩行者をよけながら爆走してくれる。

所轄の警察官は、原付バイクに二人乗りしてパトロールに出かける。階級の上級者が後ろに乗り、下の者が運転する。もし容疑者を逮捕したら、前後に挟んで三人乗りで署に戻って来る。

盛り場の路上では親子連れや乳飲み子を抱いた者が物乞いをしている。歩道上に素足で

逮捕した容疑者を原付バイクの座席の前後にはさんで警察署に移送するタイの警察官。

胡座《あぐら》を組み、紙コップを手に小銭を恵んでもらっている。海外からの観光客は恵まれない人々に同情して小銭をそっと投げ入れる。私も仏の国の子供たちのあわれな姿を見ると心が痛み、小銭を渡す。

ある日、捜査でスラムに近い裏通りを仲間の警察官と歩いていると、いつも親子で物乞いをしている家族と行き会った。その時、私は自分の目を疑った。なぜなら親子四人で買い物した帰りらしく、オートバイにたくさんの買い物袋を乗せていたからだ。立ち止まって再度確認したが間違いない。やはりあの物乞いの親子だ。

仲間の警察官に事の次第を話すと、笑って言った。「タイの物乞いはいい稼ぎになりますよ。トジマ大佐よりも一日の稼ぎは多いかもしれません。生活が苦しければ、あんなに子どもなんか産めないですよ。一度その暮らしぶりを見に行かれたらどうですか」

タイは貧富の差が激しく、スラムの住人は大通りの交差点で雑巾を手にして信号待ちの車の窓を拭いて小銭を稼いでいる。それは危険な仕事で、信号が変わるまでのわずかな時間が勝負だ。

金持ちは一生金持ちで、相続税がないので資産は次の世代にそのまま引き継がれる。タイの労働者の平均賃金は一日三〇〇バーツ（約一〇〇〇円）。物乞いが一日座って稼ぐ金も同じくらいと言われている。

タイの公務員や警察官は副業が認められていて、さまざまな仕事を掛け持ちして結構いい稼ぎをしている。日本の公務員は定年後天下りできるが、タイでは公務員も二足のワラジで生活しているので、退職するとすぐに企業の社長ということも少なくない。

一方、日本の中年女性もたくましい。タイ有数のリゾート地のパタヤで聞き込み捜査をしていると、数人の日本人女性のグループが目をひいた。彼女たちは若いビーチボーイを一人ずつ連れていた。自分の息子と同じくらいの少年たちに、ショピングセンターで高価なシャツや靴を買い与えている。日本人の私が近くにいるとも知らずに、大声で「昨夜はとても元気のいい男の子だった」とビーチボーイの自慢話に浮かれていた。

第5章　同国人に気をつけろ

タイの火災現場

下町にある小さな工場が放火されたという連絡が入り、誰が現場へ行くか、朝から警察署内でゴタゴタしていた。現場の詳細は聞いていないが、事件であればすぐに現場へ行くのが私のやり方である。すぐに数人の捜査官を指名して警察署を飛び出した。

火災のあった工場は、すでに放火として届けを出していた。ふつうの警察官は火災発生の場所や目撃者の聞き取り調査をしてから現場検証するが、私はいつもの癖でまず外周から中心へ向けて観察をしてから、焼け落ちた現場の瓦礫を一つひとつ取り除き、いちばんよく燃えた周辺をくまなく調べていった。

瓦礫を取り除いていると、工場の責任者は「誰かが外から火を放ったに違いない。きっとそうだ」鼻息荒く話している。周囲の関係者や野次馬も放火事件だと決めつけているようだ。

広い火災現場は日陰がいっさいなく、焼けるような強い陽射しが遠慮なく頭を焦がす。大粒の汗が背中を流れ落ち、瓦礫をシャベルで掘り返していると、その手元にポタポタと汗が滴る。部下の捜査官の顔も灰と汗でしま模様になっている。

ついに瓦礫の下から真っ黒に焼けた大きな扇風機の一部を発見した。原形をとどめないほど焼けただれている。私はその場にいる者にバケツに水を汲んでくるように指示した。扇風機についた灰を水で洗い流すと、モーター部分のコイルと回転軸が溶けていることがわかった。しかも火災発生時、その扇風機は稼働していたことが判明した。

工場の責任者に聞くと、工場内は暑いので扇風機は止めずに回し続けていたという。現場検証の結果、扇風機の長時間使用による加熱が原因で火災が発生したことがわかった。

これまでタイで多くの火災現場に出動し、現場検証を重ねてきたが、「火の走り」具合を調べ、その元を探っていくと配線にたどり着くケースが多い。そして必ずと言っていいほど雑な電気工事が行なわれていた。壁や床に釘で固定して配線しただけの設備で、そこからショートして火災が起きる。電気工事専門の資格を持たない素人が作業を請け負っているからだ。

最近では国家警察局の警察幹部の間では、火災現場の検証はトジマ大佐が適任だということになり、火災が発生するたびに、各所轄から現場検証の依頼が舞い込むようになった。

ある日、バンコクの北にあるアユタヤを管轄する警察署から出動要請があった。大きな製紙工場が丸三日燃え続けたという。所轄の警察官になぜ三日間も燃えたのかと聞くと、被災した工場の責任者がケチで、消防隊員に食事も飲み水も提供しなかったので、消火活動を放棄したという。さらに消火用の水の使用料金をめぐって工場側ともめているうちに、どんどん延焼して結局すべてが燃えてしまったらしい。

タイでは消火のための放水の料金の支払いを決めてから消火活動が始まる。こんなのんびりした話はタイ特有のもので、日本ではありえない。

結局、われわれ捜査官が現場に入ったのは火災発生から四日目だった。工場の天井はきれいに焼け落ち、まだ煙が立ち上っている。現場は蒸し風呂状態で、何もしていないのに全身汗でずぶ濡れになった。

現場には、ひと巻き一トンほどのロール紙が何百個も焼けこげた状態で転がっている。三〇人ほどの捜査官が広い工場内を分かれて捜査活動を開始したが、なかなか出火原因が特定できない。足場の悪い現場に長時間いると体も疲れるが、誰も休むとは言わない。私も疲れて飲み水が欲しかったが何もない。三時間捜索してもわからなければ原因不明で処理して現場を切り

製紙工場の火災現場を検証する筆者。焼け残った壁の配電盤の付近にスパーク痕を発見して火災原因を突き止めた。

上げることにした。

焼け残った内壁の配線をたどりながら調査を進めると、壁の上部のある一点に目が止まった。内壁はすべて黒く焼けているのに、そこだけが白っぽくなっていて、周囲が赤さび状態になっている。普通では見逃してしまうほどのわずかな違いである。気温は四〇度以上あるにもかかわらず全身に鳥肌が立った。

深呼吸すると、すぐに近くにいた捜査官を数人呼び寄せ、鉄製のハシゴを持って来させた。ハシゴを昇ってみると、それは工場の配電盤だった。

変色した部分は、その配電盤から二・五メートルほど離れた位置にあった。その高さから焼け跡を俯瞰してみると、ロール紙を運ぶフォークリフトが壁にぶつかって横転しているのが見えた。周囲にはロール紙が数本散乱していた。

工場の電気配線が異常な燃え方をしているのを確認した私は捜査官を集めた。高圧電線に外部から急激な力が加わると発熱してスパークを起こす。それが原因で火災が発生したと説明した。

工場側に当時の状況を聞くと、火点にいちばん近い場所でフォークリフトを運転していた男性作業員が火災発生時から姿が見えないという。横転したフォークリフト周辺を探したが、遺体は発見できなかった。そこで、バンコクから数百キロ離れたウボンラチャタニ県にある実家に捜査官を派遣すると、畑仕事をしていた男を発見した。火災発生と同時に、誰にも告げずに男は実家に逃げ帰ったのだ。

タイ人の性格として、大きなトラブルに遭うと家族のもとに逃げ帰る習性がある。タイの刑事の話によると、事件後、数日おいて実家に行けば、たいてい犯人を見つけることができるという。

男をすぐに連れ戻して火災現場の検証に立ち会せた。男は素直に取り調べに応じ、ロール紙の積み上げ作業中にフォークリフトの運転を誤り、配線に接触したという。そこから青い火花が吹き出し、その上にある配電盤からもバリバリと音を立てて火が出たと話した。出火の責任を取らされるのが怖くて逃げたという。

火災は工場側が主張するような放火ではなく、作業事故が原因だったことが判明し、捜査は終了した。

タイの結婚式

タイでの暮らしが長くなると、部下の結婚式に呼ばれることも多い。田舎で結婚式があると、早朝から式が始まるので参列するだけでも大変だ。ある時、バンコクから九〇〇キロ離れたチェンマイ県での結婚式に招待されたが、やはり朝六時から始まるという。そこで深夜一二時にバンコクを出発する計画を立てた。

結婚式の二日前、女性警察官の一人が執務室に来て、「大佐はチェンマイの結婚式に何で行きますか?」と尋ねた。私は「自分の車で行く」と答えると、自分も結婚式に呼ばれているので「同乗させてもらってもいいですか。お願いします」と頼まれた。二つ返事で「いいよ」と言うと、にっこり微笑んできれいな細い手を合わせてワイをした。彼女は国立大学卒の将来有望な警察大尉である。タイ警察には事務職(一般職)はなく、女性もすべて警察官として勤務している。

彼女は私の車に同乗できることを犯罪捜査の大部屋で仲間たちに喋ってしまった。みんなも結婚式に参列したいが、移動の手段が確保できずに困っていたらしい。しばらくするとノイ中尉が部屋にやって来た。彼女も同乗させてほしいと言う。深夜の長距離ドライブの話し相手によいと思い快諾した。ノイ中尉は大喜びで、姿勢を正すと敬礼して部屋を出て行った。これで運転手と私と女性警察官二人で私の車は満席だ。

そうこうしていると、一人また一人と女性警察官がやって来て、とうとう全部で一七人になってしまった。困った私は結局、小型バスを借りることにした。

結婚式前日の夜に職場からみんなで出発した。車内はお喋りが途切れることなく続き、一睡もせずに現地入りした。

女性警察官たちは疲れた様子もなく元気に騒いでいる。バンコクよりも気温が低いせいか「寒い、寒い」と言って、鼻に軽く手を当ててるとチーンと威勢よく手鼻をかんだ。ちり紙を持っている様子はない。本人たちは気にする様子もなく両手をこすると、「さあ大佐早く行きましょう」と私の手をとってはしゃいでいる。

結婚式が行なわれる家は、椰子に囲まれた広い敷地にあり、雨期に大水が出るため、草葺きの高床式の造りになっている。まだ六時前だというのにすでにお坊さんが九人も来ている。タイではお祝いごとには必ず奇数人のお坊さんを呼ぶ。白い木綿の糸を回してお経を唱えているので、聞いてみると、これは仏の国とつながる糸で、今日のおめでたい出来事を祖先に知らせるためだと説明してくれた。

部下の結婚式に招待されると、私は日本の祝儀袋にお祝いの言葉を書き添えて出席することにしている。タイ人は招待状の封筒にお祝いを入れる。招待状がなくても参列して飲み食いだけする者も多い。

花嫁の家族と近所の人々が数十人ほど家に集まっている。お坊さんの読経が終わると、最初に食事をしてお坊さんは引き揚げていく。これからが結婚式の本番だ。警察官の花嫁は笑顔で私たちを出迎え、両親と親族に紹介してくれた。

しばらくすると新郎の一族が新婦の家に現れた。長い行列の先頭にはサトウキビの苗とバナナの苗をそれぞれ三本ずつ担いだ若者がいる。その苗の長さは二メートル以上もある。その後ろには笛と太鼓の鳴りものが賑やかに続いている。サトウキビは甘い生活、バナナは子だくさんを意味するとあとで知った。

新郎が新婦の家に着くと、新婦の身内が何重にも立ちふさがり、行く手をはばむ。そのたびに新郎は持参したお金を渡しながら先に進み、ついに新婦の家に入る。その時間が長いほど、新婦が大事にされている証しなのだという。

これも決まりごとだが、新郎側の代表が新婦の両親と親族に大きなお盆に結納金を並べて結婚の承諾を願い出る。結納金は一〇万バーツ（約三〇万円）ほどだ。あんな大金をよく貯めたね、と横にいる女性警察官に耳打ちすると、彼女は笑って「あのお金は銀行で借りたもので、式が終わったら返すことになっている。私たちが銀行の保証人になっている」と打ち明けた。

差し出された結納金を前に、新婦側の長老が難しい顔をして、渋々ながら承諾の返事をする。そこでようやく新郎と新婦は顔を合わせる。その時、長老が私を手招きして、「今日の結婚式の仲人だ」と言い出した。タイの田舎の結婚式は、その日の主賓が式を主宰する。私はただ一人の日本人で、新婦の上司ということで突然、大役を仰せつけられ、眠気がいっぺんに吹き飛んだ。

大勢の参列者が見守るなか、私は白い木綿糸で新郎と新婦の頭と手を結び、さらに頭と手に花輪をかける。最後に二人の手に水を注いで、無事に仲人役を果たすことができた。

私の挨拶のあと、料理が次々に運ばれてきた。時刻はすでに昼近くで、料理は豚肉や鶏肉をトウガラシで味付けしたもので、どれも辛い料理ばかりだ。

突然、大きな鉢に白い幼虫が入った料理が出てきて私に食べるよう勧めた。見るとそれは鑑識現場でよく目にするウジ虫ではないか。私の戸惑う姿に周囲の人は手を叩いて笑っている。長老が大きなスプーンですくって私の口に幼虫を運ぶ。多くの人に注目され、食べないわけにはいかない。思い切って口を開けると、歓声があがった。恐る恐る噛んでみると、口の中でパ

部下の結婚式に招待され主賓を務める。子だくさんを意味するバナナの房を手に新婦の家に向かう。結婚式は村をあげてのお祭りだ。

チンパチンと弾けて、甘い味がした。新婦は笑いながら、この料理は特別な人だけが口にするものだと言う。

長老が緊張した面持ちで「これは山奥に生息するミツバチの幼虫で、今日の結婚式のためにみんなで集めたものだ」と言った。貴重なものだとわかると、もうひと口食べたくなった。

式の途中で長老が新郎新婦を別室に呼ぶ。そこには新しい寝具が敷かれ、二人を寝かすと、長老の合図で二人は体を重ねる真似をする。すると周囲の者がいっせいにはやしたて、笛や太鼓で盛り上げた。

タイの田舎は娯楽が少なく、結婚式は村をあげてのお祭りだ。村人なら誰でも参加でき、ご馳走を食べられる。料理は村人の手作りで、どれも心のこもったものだ。残った料理はそれぞれが持ち帰る。これは結婚式の幸せを持ち帰るという意味もあるそうだ。

時には野外ステージが組まれ、何百という折りたたみのテーブルと椅子が並べられる。ステージでは歌手が歌い、それにあわせて踊り子が踊る。新郎新婦は接待役で、全員に酒を注いで回る。結婚式の時間も長く、朝早くから深夜まで宴会が続く。タイの結婚式に参加するには十分な体力が必要だ。

鑑識捜査の現場指導

朝、いつものように自分の部屋に行くと、当番勤務のスラナー少佐が駆け込んできた。バンコク郊外で死体が発見されたという。詳しい情報はまだないが、急ぎ現場に向かうことにした。

ちなみにタイでは、車の乗車位置にも決まりがあり、階級の上級者が助手席に座り、下の者が後部座席に座る。二〇〇四年一二月に発生したスマトラ沖地震の際、私はマイクロバスの助手席に座ったまま一八時間かけて現地に向かった。一方、若い警察官は後部座席に座り、楽にしているように見えた。当時、この慣習を知らなかった私は、日本人だから助手席に座らせるのかと現地に着くまで不満に思っていた。

今日の出動でも私を助手席に乗せようとしたが、助手席はノック少佐に任せて後部座席に陣取った。いつものようにスラナー少佐は警察無線の第一報を元気よく本部に送った。

「今日の現場責任者はトジマ大佐。現場ではうるさいぞ。関係のない者は誰も現場に入れるなよ」

走ること一時間二〇分。死体発見現場の団地に到着した。所轄の警察車両が数台と黄色のつなぎを着た報徳善堂のボランティアたちがいた。所轄警察に挨拶していると、報徳善堂の男たちもすぐに飛んで来て握手を求めてきた。事件現場で必ず会うのでお互い顔見知りで、いつの間にか親近感を覚えるようになっていた。

報徳善堂はスマトラ沖地震の大津波でも大勢集まり、多くの遺体を砂や瓦礫の中から探し出してくれた。彼らの狙いは遺体が身に着けている金品で、ずいぶん金を稼いだ。事件、事故、火災など、死体のあるところにはどこでも現れる連中だ。

変死体が見つかったのは五階建て団地の四階部分だという。すでに一階の階段付近から死臭がする。この臭いなら、仏になってずいぶん時間が経っているだろう。死後どのくらい経過しているかは、腐敗臭を嗅ぐだけでだいたいわかる。

机上の研修では、この死臭は説明しようがないが、現場で一度死体の臭いを嗅げば嫌でも覚える。

私は部下に「遺体は相当腐敗しているからゴム手袋を持って入れよ」と指示した。階段を上り始めると、若い捜査官が「なぜ死体が古くて腐敗しているのがわかるんですか？」と聞いた。「死体がそう言ってるんだ。上に行けばわかるよ」と笑いながら答えた。若い捜査官は目を丸くして私の冗談を真に受けたようだ。

「これまで多くの事件事故を扱ってきたからわかるんだ。必ず自分の手で遺体を直接扱うこと。自分の目で見て、そのすべてを記録すること。たとえ百体、千体あっても、まったく同じ遺体はない。遺体のある現場に何度も通うと、だんだん死体と友だちになれるよ」と教えながら、経験のない若い捜査官とともに現場に入った。

部屋のドアを開けると死臭はさらに激しくなった。若い捜査官たちはその場で足が止まってしまった。

部屋はワンルーム、遺体は若い女性で、全裸に近い。シャワー室のドアの上に梱包用のひもをかけ、その端を首に数回巻きつけた状態でドアに寄りかかって死んでいた。首つりには大きく分けると二種類ある。定型死と非定型死である。死体がぶら下がった状態で床や物に触れていないものを定型死、死体の下半身が床や椅子などに触れている状態を非定型死という。今回のケースは非定型死で、ひもで絞められて殺されたのか、自殺なのかはまだわからない。

机には女性の写真が飾ってある。写真の彼女は美しいが、遺体になった彼女は腐敗ガスにより三倍以上に膨らんでいる。すでにウジ虫が音を立てて腐肉をむさぼり、大量の蝿が飛び回っている。経験の浅い捜査官は遺体ばかりに気をとられて周囲に目が行かず、現場の状況を壊してしまう恐れがあるため、慎重に部屋の入り口から足跡と指紋採取活動を始める。

遺体の状況を正確に計測するため、いちばん若い尉官を呼んで巻き尺の端を持たせて計測の補助をさせた。呼ばれた本人は目を丸くしてオタオタしている。「死体の臭いは嗅いでいるうちに慣れる。どんな敏感な鼻も馬鹿になる」と私は声をかけた。

若い尉官は、死臭が目に染みるのか涙を流しながら必死で計測の補助をしている。若い尉官と捜査官が首に巻き付いているヒモを計測していると、うっかり遺体に触れてしまった。その途端、左の眼球が足元に落ちた。尉官と捜査官は「ひぇー」と声を出して硬直してしまった。右目も落ちかけている。部下に手元をライトで照らせと指示して、私は遺体の頸部と顔面、頭頂部などを観察し、外傷や打撲痕がないか綿密に調べていく。

物色状況の有無については自分の目で確認する。後日、容疑者の取り調べや公判時に決め手となるからだ。事件性があれば部屋の遺留物一つひとつに標識を立て、写真撮影のポイントを若い捜査官らに教えていく。

このように私は、死体の取り扱いを現場で若い鑑識官たちに指導する。教室で習ったことはすぐに忘れてしまうが、自分の目で見て、手で触れて経験したことは一生忘れない。

後日、執務室で事務処理をしていると、真新しい制服に警察少尉の肩章を付けた若い幹部が笑顔で入ってきた。少尉は不動の姿勢をとると敬礼して、「先日の変死事件の際には、現場でご指導をいただきありがとうございました」と言った。「四年間のポリス・アカデミーでは教わらなかった貴重な勉強をしました。現場では何度もめまいと吐き気がして気が遠くなりかけましたが、ほかの警察官の手前、なんとか我慢しました。死臭が体に染みついて数日間消えませんでした」と笑いながら言った。

「トジマ大佐を見習っていい幹部になり、これから若い警察官たちを教育していきます」と言って部屋を出て行った。その後ろ姿は以前よりも大きく見え、自信にあふれていた。

なお検証の結果、若い女性の死因は自殺と判明した。

元暴力団員の殺人事件

バンコクでは大勢の日本人が暮らしている。日本大使館に在留届けをしている者だけで約四万五千人。届け出なしは約三万六千人といわれている。毎日のように大勢の日本人がタイ国家警察の私のもとへさまざまな相談にやって来る。

もめごとの中でいちばん多いのは金銭問題である。はじめは仲間どうしで融資し合って飲食事業を始めたものの、ひとたび経営がうまくいかなくなると、とたんに関係が壊れてトラブルになる。

金銭トラブル以外にも、女性問題、詐欺事件、交通事故、盗難被害など、深夜から明け方でも、こちらの都合もお構いなしに電話がかかってくる。日本大使館に邦人保護の窓口があるので、そちらへ行くよう勧めても、大使館には相談しにくいという。

ある中年の日本人男性は商売を始めるつもりで四千万円の現金を持ってタイにやって来た。

ところが夜の遊びを覚えてしまい、酒と女ですべて使い果たしてしまった。日本大使館に相談に行ったが、断られて私の所へやって来た。このあわれな中年男に同情したが、甘い顔はせずに、これまで貢いだ女の所へ行って世話になれと言って追い返した。

二〇〇七年一二月、チョンブリ地区パタヤの警察署から日本人のN氏（六七歳）が失踪したという知らせが入った。電話で聞いても要領を得ないため、私は当番の少佐とともにパタヤに向かった。高速道路と一般道を乗り継いで二時間ほどの道のりだ。

日本で不動産業を営んでいたN氏は、タイに移住するためパタヤにやって来たが、それきり連絡がとれなくなり、家族から捜索願いが出されたという。

パタヤに到着後、すぐに所轄の刑事とともに聞き込みを開始した。するとN氏の友人で、パタヤ在住の佐々木利彦（五三歳）という男が浮上した。スワンナプーム国際空港でN氏を迎えたのも佐々木で、前日にレンタカーを借りて三五歳の女とともにいたこと、車の窓には黒いスモークフィルムを貼っていた、という目撃証言も得られた。

パタヤに住む日本人に佐々木の暮らしぶりや人間関係について聞いて回ると、誰もが佐々木は世話好きで、人が困っているとすぐに駆けつけてくれるいい人だという。車を借りて空港まで迎えに行くことも佐々木ならあり得ることで不思議ではない。佐々木に関する悪い噂は一つもなく、無駄な聞き込み捜査をしているのではないかと思い始めた。

そこで、佐々木本人に会って直接話を聞くことにした。佐々木はとても腰が低く、人あたりもいい。あわてた様子もなく、「ええ、空港に迎えに行きましたよ」と答えた。「Nさんは別件でバンコクに行くと言い、別れました。詳しいことは知りません。私も大変心配していま す」と話すだけだった。

数日が過ぎ、パタヤの警察も佐々木に同じ質問をして調べたが、進展がない。被害者のN氏の家族に当時の様子を再度聞くと、タイに出発する直前に新しいパソコンと大量の日本製のタバコを買って持たせ、所持金は約三五〇万円だったと、息子が証言した。

私は意を決して、パタヤ警察とともに佐々木の自宅にガサ入れ（家宅捜索）した。令状なしの任意によるガサ入れで、日本ではとてもできないやり方だ。

ガサ入れの結果、佐々木の自宅からN氏が持ち込んだと思われるパソコンと大量のタバコなどが隠されているのを発見した。だが、佐々木は「空港でNさんから預かったもので、バンコクから帰って来たら渡すことになっている」と平然と説明した。

その頃、パタヤから南西四〇キロにあるウタパオ海軍航空基地に近い山中で腐乱死体が発見された。遺体は、国道から少し山に入った茂みの中に投げ捨てられていた。その遺体が失踪したN氏と識別できるものは何もなく、死後一〇日以上が経過していた。最大の特徴は、両手首と両足首が切断されていたことである。

私はこれまでさまざまな凶悪犯罪の現場に立ち会ってきたが、手首足首がすべて切断された遺体を見たのは初めてだ。現場検証の鑑識官たちに、「殺した奴はプロに違いない」と言うと、相棒の少佐が不思議そうな顔をした。普通の殺しは、とにかく殺すことに精いっぱいで手首足首まで切断しない。タイでも多くの殺人事件を扱ってきたが、このような手口は見たことがない。

私がプロの仕業だと判定したのは、指紋および足紋が鑑別されないように手足首を切断したからで、捜査会議の席上、指紋で被害者を特定されないように細工するのはプロ以外にない。さらに犯行を裏付ける遺留品が何ひとつないことから、犯人には前科があると断言した。

遺体の状況から、殺しのプロだと目星をつけた私はパタヤの海岸通りでさらに聞き込みを続けた。その中の一人から、佐々木は新しく知り合いになった者の面倒をみる代わりに投資話や長期滞在（ロングステイ）の話を持ちかけていたという証言を得た。一方、パタヤ警察の捜査官は、佐々木の所持していた現金とパソコン、日本製タバコについてさらに厳しく事情を聞いた。

佐々木を取り調べているチャイ少佐によれば、佐々木は頑として犯行を認めないため、捜査は進んでいないという。いまも佐々木は署内の留置所にいるというので、「少し様子を見たい」と伝えると、少佐は左手でＯＫのサインを出した。

その留置所はなんとも賑やかだった。警視庁時代に日本の留置場勤務を経験したが、日本とはまったく違っていた。房によっては若い女の子が数人、水着姿で留置されて歌ったり踊ったりしている。金髪の欧米人がいる房や黒人だけを入れた房など、国際色豊かで、泣いている者、歌っている者、喧嘩をしている者など、みな勝手気ままに騒いでいる。

私が留置所内を歩くと、房から「水をくれ、お腹が空いた」などと声をかけてくる。佐々木の房は奥の突き当たりで、数人のタイ人と一緒にいた。彼の容疑は固まっているわけではなく、ただ取り調べを受けているだけの状況である。

私は「佐々木!」と声をかけると、ハッとして顔を上げ、私と目が合った。佐々木は日焼けした顔に笑みを浮かべたが、その笑みが何を意味するかわからない。

私の前に来ると、「あなたは日本人ですか? 警察の人かと思いましたが、日本大使館の人だったんですね」と言う。

「いや、俺は日本大使館の者ではない」と言って佐々木の目をじっと見た。佐々木は、おびえた様子もなく、「私の罪状は何ですか?」と話しかけてきた。

海外の留置場で日本人と対面することはめったにない。長い警察人生で悪い奴らをたくさん見てきたが、佐々木の目を見た瞬間、「こいつはただ者ではない」と感じた。一見、正直そうで、人あたりもいいが、間違いなく裏がある。警察慣れしているのも気になる。

佐々木は小柄で髪が薄く、日焼けした顔は日本人には見えない。目だけは異様に鋭く、隙のない印象だ。五三歳というが、どう見ても一〇歳くらい上に見える。

面会を終えると、パタヤ署の刑事部屋に行って、知り合いの刑事から指紋採取用の紙とインクを借り、再び留置場に戻った。佐々木は指紋採取の道具を見て顔色が変わった。

「何もしてないのに、なぜそんなことをするんですか？」。さらに「あなたはタイ警察でもないくせに、私の指紋を採取できるのか？」と急に反抗的な態度になった。

私がまだ何も質問していないのに、急激に態度を変化させるのはますますあやしい。

「俺はまだ何も聞いていないのに、なぜそんなに動揺するんだ！」と一喝した。その怒鳴り声にほかの留置場の連中も急に静かになった。

「俺はお前が真面目な日本人だといろいろなところで聞いてきたので、心配して顔を見に来ただけなのに、なぜそんな態度をとるんだ」

佐々木は、鋭い目をして「あんたは一体何者ですか？」と質問してきた。

「俺は見たとおりタイの警察の者だよ」と答えると、佐々木は目を丸くして「日本人の警察官がいるとはこれまで聞いたことがない。とにかく何もしていないのでここから出してくれ。大使館に連絡をしてくれ」と哀願した。

「俺はタイ国家警察局のトジマだ。パタヤ警察の者ではない。お前の指紋を採取したら、大使館だろうがどこだろうが知らせてやる。とにかく俺はお前の指紋を採取する」と言って強引に

日本人元暴力団員が関与した殺人事件を解決。2008年1月、パタヤ警察署で事件の経緯をメディアに発表。正面左から2人目が容疑者。右端が筆者。

指紋採取を始めた。

佐々木の指にインクを塗るために右手首を掴むと、その手首が小さく震えたのを私は見逃さなかった。指先は汗で湿っていた。私は黙ったままタオルで汗を拭き取ると用紙に指を押し付けた。

これまで私は数多くの指紋を採取してきた。生きた人間はもちろん、死体からも指紋を採取した。警視庁で三六年、タイ警察で一七年、鑑識一筋で過ごした私は無駄に飯を食ってはいない。採取対象者の指先を掴むだけで、相手の心を読むことができる。

佐々木の指紋採取は短時間で終わった。思ったより綺麗な指紋だった。私は日本大使館を通して警視庁刑事部鑑識課現場指紋係の渡部警部に指紋を送った。渡部警部は、JICAの海外派遣で、彼はフィリピン、私はタイで、ともに苦労した仲間である。

数日後に渡部警部から電話が来た。「トンちゃん、この前の指紋は何だよ」と言う。私は何かミスしたかなと思っていると、「あれは佐々木ではない。偽名だよ」と言われた。

パタヤ署に留置されている佐々木は偽名で、本名は池田研五（六〇歳）、北海道出身の元暴力団員だった。私は心の中で「やはり前科持ちか」と納得した。池田はこれまで佐々木名義のパスポートでタイで暮らしていた。本物の佐々木はどこにいるのか今もわからない。その池田は九州・福岡で殺人未遂の前科があり、千葉県警から私文書偽造容疑で全国指名手配されていた。

二〇〇七年一二月一四日、三五〇〇万円を奪う目的でN氏を殺害し、遺体は山中に遺棄。同月二九日に手足が切断された状態で発見された。

翌〇八年一月、パタヤ警察署の大会議室で池田容疑者を中央に、左右に捜査幹部の将軍三人と私が並んで記者会見を開き、残虐非道な事件の経緯をメディアに発表した。

同年三月二七日、パタヤ地方裁判所で池田に死刑が宣告。ほどなく執行されたと関係者から連絡があった。タイで日本人の死刑が執行されたのは戦後初めてだという。

第6章　事件は続く

タイ南部のイスラム過激派

二〇〇四年一月四日、仕事始めの朝、大部屋に顔を出して、「サワデーピュウマイ（新年おめでとう）」と挨拶すると、若い警察官たちから一斉に同じ言葉が返ってきた。続いて科学捜査部の各部屋を挨拶して回った。

その日、将軍と私は、高級幹部とともに中華料理店での新年会に招待された。高級料理といわれるアヒルのスープが出されると、私と将軍の二人にだけアヒルの足の水かきが白い器に盛られていた。

「なぜ俺だけアヒルの水カキなんだ？　みんなはアヒルの肉を食べているのに」と隣のナット中佐に小声で文句を言った。すると中佐は「トジマ大佐は日本人だから、特別ですよ」と言う。「特別と言われても、水かきだけを食べさせるのは失礼だ」と言うと、周りの幹部たちが声を出して笑った。

「トジマ大佐、アヒルの肉はみんなが食べられるが、水かきは二つしかない貴重なもので、特別な人しか食べられないんですよ」と教えてくれた。

汚い鶏舎の中をアヒルがペタペタ歩いている姿を想像すると食欲は湧かないが、次の料理も来ないので、仕方なく水かきに手を出した。スプーンで恐る恐る口にすると、初めて経験する味だった。水かき部分がほぐれてゼラチンのような食感が口に広がる。たいへんな珍味で、おいしかった。

昼食会のあと執務室に戻ると、部屋の前で現場鑑識課長のタワチャイ大佐と若い尉官十数人が待っていた。私はすぐにワイをして新年の挨拶をすると、部屋に招いた。互いに正月の話をしていると、突然に電話が入り、鑑識課長と一緒に将軍に呼ばれた。

将軍の部屋ではすでに数人の幹部が集まり、タイ南部のヤラー、ナラティワート、バッタニーの三県で分離独立を主張する集団が軍隊と警察を襲撃したという。

タクシン・チナワット首相（当時）は、一センチたりとも国土を分離独立させないと明言していた。

一月四日の早朝、イスラム過激派組織がナラティワート県にある一一か所の学校で、切断した古タイヤを麻袋に入れ、それにガソリンをかけて火を放った。さらに南部一帯の官公庁に放火し、出動した軍と警察の裏をかいて、タイ陸軍のラチャナカリン駐屯地を急襲して、七〇人ほどの兵士を殺害し、武器庫から大量の兵器を強奪した。

情報によるとM16ライフルなどの小火器をすべて盗み出し、さらにイーゴー地区の三か所の警察施設も襲撃して多くの人的被害を与えたという。

彼らは五〇人から一〇〇人ほどのいくつかのグループに分かれ、軍事訓練も行き届いていたという。彼らは略奪した武器を使って、学校や仏教寺院、病院、軍隊施設、警察と無差別に焼き討ちし、多くの市民を殺害した。とくに公務員、判事、警察官、軍人、僧侶、教師、学生が狙われた。ある教師は授業中に襲われ生徒の目の前で射殺された。

知人の警察官の一人は仕事帰りに自宅の玄関先で撃たれ、もう一人は自宅で食事中に押し入った者に射殺された。

状況を話す将軍の声も緊張していた。国家警察本部で爆弾処理の専門家ならば誰もがトジマ大佐と言うので、いつの間にか爆弾処理班のトップになっていた。現場鑑識官にも現地から応援要請が来ているという。誰もが危険な仕事だとわかっているので、集まった幹部たちも自ら志願して危険な地域に行こうとする者はいなかった。それでも指名されれば行く覚悟はあるようだ。

私自身、日本人だから関係ないとは考えず、危険は承知のうえで二つ返事で引き受けるつもりだった。タイ警察局の上層部としては日本人の私に行けと命令はできず、あくまでも本人の意志で行ってほしいという考えだった。科学捜査部長の将軍は不安な面持ちで私の返事を待っていた。

数日前にもバンコクから応援に出動した若い尉官六人が帰らぬ人となった。テレビや新聞でも繰り返し、タイ南部の情勢を伝えていた。そんな危険地帯へ誰を行かせるのか、幹部は人事の選抜に頭を悩ませていた。

日本大使館からは、安全対策のメールが届き、日本人滞在者は絶対にタイ南部には行かないようにとの連絡があった。ＪＩＣＡからも同様の通達があった。

新聞各紙にバンコクから爆弾事件処理の専門官を送り込むという記事が出た直後、ＪＩＣＡの所長から「戸島さん、警察局の鑑識班は忙しいですか？」と、所在確認と思われる電話が入った。

警察大学や幹部学生の研修では、積極的に現場へ踏み込めと教えてきた。学生には威勢のいいことを言って、自分は危険なところへ行かないとは言えない。誰かが行かなければ、イスラ

タイ南部ではイスラム過激派によるテロ事件が続いている。テロ現場で多数の指紋を採集して容疑者を割り出した。

ム過激派の暴力を阻止できない。

「よし、俺は行くぞ」。そう決心した私は、すぐにタイ南部行きを志願した。命令があれば今夜にでも飛行機で現地へ飛ぶ覚悟だった。

日本大使館とＪＩＣＡには行くことは言い出せなかったが、うすうす事情を知っていたのか、ＪＩＣＡの調整員が何も言わずにイスラム過激派に関する情報を提供してくれた。かつて警視庁で連合赤軍を追い詰め、連続企業爆破事件の現場で鑑識活動したことが思い出された。

タイ国家警察の上層部から、タイ南部に出動する者は制服姿では危険なので、私服で現地に入れという指示が出た。

イスラム過激派とは交渉しないというタク

シン首相の方針は一貫しており、国防大臣は次々に交代させられた。また警察庁長官、陸軍司令官、第九管区司令官、南部三県の知事もすべて交代させられた。新たに南部国境県・治安維持司令部を設置し、国軍最高司令部副司令官のシリチャイ・タンヤシリ大将を責任者に任命した。

一月九日にはヤラー、ナラティワート、パッタニーの三県で、夜間外出禁止令が出され、地元住民は緊張した日々を送っていた。

タイ南部行きを志願した私は急いで支度を整えた。もしものことを考えてJICAに返却する物、日本大使館への提出書類を準備し、それらの処理が私がいなくてもわかるように手配して一人でドンムアン空港に向かった。

夜明けと同時に空港に着くと同行する警察官はまだ来ていなかった。まだ静かな空港のロビーを歩き、食堂に入ると、若いウエイトレスが「サワデーカー」と朝の挨拶をしてきた。私もすぐに「サワデークラップ」と挨拶を返し、「コトナカップ、カトン・ミマイカ（すみません、お粥はありますか?）」と聞くと、彼女は大きく「ミー、ミー（あります）」と答えた。温かいお粥が運ばれ、手元の醤油を少し滴して口に運んだ。お粥はさっぱりとした味でおいしかった。

簡単な朝食を済ませ、タイ南部行きのカウンターに行くと、すでに将軍が数人の部下を連れて来ていた。将軍は私を見ると、「トジマ、サワデークラップ」と笑顔で朝の挨拶をした。しばらくすると十数人ほどの警察官が集団でやって来た。

「こんなに大勢行くのか。無理して行くことはない」と私が言うと、あとから来た者は見送りですと答えた。実際に南タイの危険地帯に行く者は五人だけだった。

「こんな盛大に見送られると、二度とバンコクには戻れない気がする」と冗談を言うと、将軍に「アイパー（バカ者）」と怒鳴られた。

「俺たちは仏のお守りを首に提げているので、鉄砲の弾も刃物も心配ない」と将軍は自慢げにお守り見せた。そして「トジマもお守りを提げているか？」と念を押された。

私は着任一年目に将軍から純金のお守りの仏像をいただき、常に首から提げている。タイ人は警察官に限らず誰もがお守りを身につけている。若い警察官はお金がなくなるとお守りを質屋に預けに行く。それでもご利益はあるのかと、よく彼らをからかった。

タイ南部の現場は緊迫感に包まれていた。水を飲みに行くにも一人で勝手に行動できない。敵は常にわれわれ警察の動きを窺っている。誰がイスラム過激派かわからない状況下、鑑識官は武装集団の証拠を集め、そこから指紋を採取し、犯人を割り出すという作業に従事した。

到着早々、イスラム過激派が公共機関に放火した際に残したガソリンの容器から数十個の指紋を採集し、多くの容疑者を割り出すことに成功した。その活動はタイ国家警察局上層部から高く評価された。

国道や重要拠点では軍と警察が二四時間体制で検問している。一月二八日の午前五時過ぎ、バイクに二人乗りした過激派グループが軍から強奪した自動小銃と蛮刀で武装し、軍と警察の検問所を次々と襲い、多くの犠牲者が出た。地元紙によれば武装集団一〇七人、警察官三人、兵士二人が死亡したという。

そのほかパッターニ県ではモスク（イスラム教の礼拝所）に立てこもった過激派と激しい銃撃戦となり、犯行グループのうち三二人を射殺したという。一方、警察官を狙った襲撃事件も多発し、一月までに少なくとも六〇人が死亡した。

タクシン首相はこれら一連の事件に激怒し、軍と警察に対して二週間以内に犯行グループの逮捕を厳命した。

マレーシアと国境を接するタイ南部は、多くの住民がマレーシア系のイスラム教徒である。歴史をさかのぼると、かつてはイスラム教のパタニ王国が栄えていたが、一八世紀後半にタイの仏教徒の支配下に入り現在に至っている。分離独立を目指すイスラム過激派組織は、一九四〇年代後半から国境地帯で活動している。

治安は日増しに悪化し、爆発物の起爆装置も乾電池の時計を使った時限式のものからリモコン操作に変わった。とくに携帯電話がリモコンとして利用されるため、携帯電話の購入を登録制にしたが、爆破事件は続いた。

爆発物にはプリペイド式の携帯電話が多く用いられ、消火器のボンベに火薬を詰め、起爆装置に電波で信号を送り爆発させるやり方だ。さらに一発目を爆発させて軍と警察の要員を現場におびき寄せたのちに二発目を爆発させて、被害を拡大させる手口が出てきた。これで多くの警察官と軍人が死傷した。この結果、現場出動する警察官や兵士たちが躊躇するようになってしまった。

携帯電話を用いた爆弾事件を防ぐ方法はないか。発信を遮断できれば起爆装置は働かない。通話を妨害する「ジャマー」という装置があるのを思い出した。バンコクに戻った私は、さっそく東京・秋葉原の電器店のT会長に電話すると、「ジャマーならあります」と教えてくれた。早速購入して試してみると、その効果は絶大で、この機材をポケットに入れていると半径二〇～八〇メートルの範囲の電波を遮断できた。ジャマーを手にして科学捜査部の幹部と将軍に報告すると大喜びで、すぐに大量のジャマーを購入することになった。

ジャマーを調達するため知り合いのS氏が日本に向かったが、それきり何の連絡もなく数日が過ぎた。ある日の午後、S氏から私の携帯電話に連絡が入った。「Sさん、お帰り」と私が報告を聞こうとすると、いつもの元気がない。「体調でも壊したか？」と聞くと、「いまスワンナプーム国際空港で税関に逮捕された」と言って電話が切れた。

詳しい内容がわからないままノック少佐を連れて国際空港に急ぎ、税関事務所へ到着すると数人の職員がS氏を取り囲んでいた。床に置かれた黒いカバンには大量のジャマーが入っていた。申請せずに持ち込んだため、差し押さえられ、その場で逮捕されてしまったようだ。職員が調べていくうちに、タイ国家警察局のトジマの名前が出てきたので驚いたらしい。

職員と入国管理官はみな私の知り合いで、「この機材はタイ警察が依頼した物だ」と言って、無罪放免となった。S氏によると取り調べは厳しく、丸裸にされて持ち物や衣類を調べられたという。

警察局では鑑識課長のタワチャイ大佐と捜査局の将軍が心配そうに待っていた。事の次第を説明して大小のジャマーを引き渡すと、私は再びタイ南部に向かった。

その後、この装置のおかげで数多くの爆弾事件を未然に防ぎ、現地警察は今も感謝をしている。

市場を狙ったテロ事件

タイ南部のヤラー市にある警察第九管区トレーニングセンターに、テロ事件のみを扱うコマンドセンターがある。テロ対策に厳しく臨むタクシン政権は、爆発物処理班を増強させ、バンコクの科学捜査局からベテランの鑑識官が集められた。地元警察が危険地帯を巡回し、検問所を設置してテロ防止に努める一方、われわれコマンドセンターの要員は爆発現場の検証、爆発物の分析、捜査活動などを専門に行なった。

危険と隣り合わせの日々が連日続いた。そんなある日、鑑識活動のあい間に警察官五人と国境を越えてマレーシア領内に入ることにした。私が「パスポートを所持していない」と言うと、ナット少佐は笑顔で「マイペンライ（大丈夫）」と言って、私を後部座席に座らせた。国境検問所が見えてくると、ポールにマレーシアの国旗がはためいていた。ゲートに続く道路はS字クランクで、スピードが出せないようになっている。

国境検問所では、目つきの鋭い浅黒い背の高い軍人数人が自動小銃を手にして厳しく警戒していた。その脇で入国管理官が一人ひとり身分証明書を見ながら、顔を確認している。助手席のナカライ大尉が「トジマ大佐は声を出さないでください」とささやいた。私は目を閉じて動かずに座っていた。二人の入国管理官が両脇から車内を覗き込む。

マレーシア政府の方針で、タイ警察官の武器はすべて預かることになっており、チャイ曹長とニラ大尉はそれぞれ拳銃を渡した。ようやく入国管理官は「タイ国の警察官五人ＯＫ」と言って、進めと手で合図した。私もタイ人と思われたのだろうか。後部座席の三人は拳銃とショットガン一丁を足元のマットの下に隠していた。これはもしもの時に使うつもりだ。

国境を抜けると大きな免税店があった。さらに三〇分ほど走ると、小さな商店が並んでいた。その近くに車を停めると「トジマ大佐、ここは日本だよ」と言う。外の様子をうかがうと、そこはまるで日本の青果市場のようだった。ダンボールには愛媛ミカン、青森リンゴと懐かしい日本語が書かれていた。店には日本製のインスタントラーメン、梅干し、浅草のり、ふりかけ、ミカン、リンゴなどが並んでいる。

タイでは日本の食品は高いので現地の警察官はお忍びでここに買い物に来るという。私も青森のリンゴを一〇個買ってみんなで分けた。リンゴをかじると、久しぶりに日本の味を思い出した。

どうしてここに大量の日本の品物が集まっているのかニラ大尉に聞くと、「近くに寄港する日本のマグロ漁船が運んで来た。税金がかかっていないので安い」と言う。ここを出た漁船はインド洋で操業して獲れたマグロを積んで帰るという。

タイ政府は、犯行グループの逮捕につながる情報や武器の隠し場所の通報者に報奨金を出すことにした。強奪された武器がほかのテロリストの手に渡って事件が起きるおそれもある。バンコク市内のランカムヘン周辺や外国人の放浪者が多く集まるカオサン通りも危険警戒地域に指定され、警察の仕事がさらに増えた。

タイ南部の事件処理を済ませ、二〇日ぶりにバンコクに戻った。執務室で事務作業をしていると、鑑識課長から電話があり、「トジマ大佐、爆弾事件です。すぐにランカムヘンの市場へ来てください」と言われた。その声は緊張していて、すぐに電話は切れた。私はピヤ準曹長に運転させて現場へ急いだ。夕方のバンコク市内は大渋滞で、サイレンを鳴らしても車はなかなか進まない。

ようやくランカムヘンの市場に到着すると、現場は大勢の買い物客と野次馬でごった返していた。市場の駐車場で発生した爆発で車が大破し、先に到着していた鑑識官が現場検証中だった。足元には真っ赤な血だまりが広がっている。その鑑識作業をイスラム系の若者たちが遠巻きにして見ている。

鑑識課長のタワチャイ大佐がすぐにやって来た。「駐車場で爆発があって死傷者が大勢出ています」。そして小声で「このあたりはムスリムが多い地域で、何が起きてもおかしくない」と言う。私は「各自、拳銃はいつでも射撃できる態勢で仕事をしてくれ」と言った。

私は拳銃を腰から抜くと、わざと大きな音を立てて遊底を引いて弾薬を装塡した。これでいつでも撃てる状態だ。周りの野次馬は私のやることを一部始終見ている。男たちはみな頭に小さな皿のような白い帽子をかぶり、女性は布で髪をおおっている。全員がイスラム教徒のよう

バンコク市内の市場で発生した爆弾事件を捜査。ビニール袋に入れた手榴弾をドアミラーに下げ、通行人が触れると起爆させる仕組みだった。

だ。

タイに赴任して初めて将軍に挨拶した時、「トジマ、あなたの宗教はなんだ」と聞かれたので、「仏教」と答えると、将軍はニコニコして「俺たちと同じだ」と言ったことを思い出した。

タイでは、宗教の話をしたり、批判したりしてはいけないと言われた。タイ人の八五パーセントは仏教徒で、ほかはキリスト教徒、イスラム教徒などである。警察の同僚にもイスラム教徒がいて、食べ物の制約があるので、いつも離れた場所で食事をしている。仏教徒は僧侶に手を合わせて拝むが、イスラム教徒は絶対に手を合わせない。遠く離れた建物の陰から頭を下げている姿を何度も目にした。イスラム教徒の結婚式に数回招待されたが、アルコール類はいっさい出ない。料理も肉類はなく、ポテトチップなどで二時間も三時間も過ごした。

今回の爆弾事件は、検証の結果、軍用の手榴弾が使われたことが判明した。鋭利な金属片が遠くまで放射状に飛び散り、手榴弾のレバーと安全ピンが現場近くで見つかった。

手榴弾の安全ピンを抜いた状態でビニール袋にそっと入れる。それを入り口付近に駐車している車のドアミラーにぶら下げる。そのあたりは人の往来が激しいところで、うっかり誰かが触れれば、レバーが外れて、六秒後に爆発する仕組みになっていた。

犯人は誰だ？　タイ南部のイスラム過激派に関係する者の仕業か？　手榴弾はタイならどこかで入手できる。実際、事件の数か月前に、バンコク市内のダンス喫茶で不良同士の抗争があり、やられたほうが腹いせに手榴弾を投げ込み、多くの若者が死傷した。今回の爆破事件の捜査は今も継続している。

深夜の宝石店荒らし

「よし、行くぞ」。ノック少佐の日本語のかけ声で若い捜査官たちが一斉に腰を上げた。バンコク郊外の市場で盗難事件が連続して発生したという。狙われたのは宝石店で、人のいない深夜に犯行を重ねたようだ。五人の鑑識官とともに現場に向かった。

市場では被害にあった宝石店の店主が集まり騒いでいた。被害総額は日本円で一億円ほど。捜査官たちは車から機材を降ろすとすぐに現場検証と指紋の採取を始めた。私は少し離れた位置から市場の構造と被害者の店舗を観察した。

するとある倉庫の壁面にわずかな汚れがついているのに目が止まった。被害に遭った店舗からは少し距離がある。それでも倉庫の中を懐中電灯で照らして調べていると、積み上げた段ボール箱の陰に、タバコの吸い殻が落ちていた。いずれも根元まで吸っている。吸い殻は六本で、銘柄は三種類だった。そして天井板が少し浮いていて、周囲が汚れていた。

事件現場に戻ると捜査官が指紋を採取していたが、すべて手袋痕だった。タイで手袋を使うのは、盗犯慣れしている連中だ。

私は現場の捜査官たちに「指紋はここにはないと思うが、必ず現場の近くに犯人の指紋があるので、落ち着いて指紋を捜すように」と指示した。

再び倉庫に戻るとタバコの吸い殻を一本ずつ採取し、積み上げてある段ボール箱の汚れた部分をカッターナイフで切り取ってビニール袋に入れた。段ボール箱を踏み台にして天井板を開けて内部を覗くと、真新しいホコリ痕が点々と連なっていた。そのまま天井裏を四つん這いで進むと、タオル、手袋、サングラスなどが残されていた。私は遺留品を採取しながらさらに進んだ。ある宝石店の上に来ると、プラスチック製の宝石ケースが数個落ちていた。現場の状況から犯人は複数で、計画的な犯行であることがわかった。犯人グループは市場が閉まる前に倉庫に侵入して身を隠し、深夜に犯行を行なった。犯行時は手袋を使用しているが、気温が高いので、犯行現場以外では手袋は外していたようだ。

現場にあった指紋はすべて手袋痕だったが、天井裏に残された宝石のケースとサングラスから鮮明な指紋が検出された。さらに倉庫から採集した段ボールの紙片にベンジン液を散布すると、紫色の鮮明な指紋が数十個現れた。タバコの吸い殻はＤＮＡ鑑定に回した。

翌日、遺留指紋から五人の容疑者が浮かんだ。彼らは麻薬で逮捕された時に刑務所で知り合ったようで、麻薬を買う金が欲しくて犯行に及んだのだろう。店舗内では手袋をして、何も残さない計画的な犯行だったが、倉庫の段ボール箱は素手で積み上げて天井に上がる足場にし、天井裏に被害品の空ケースを投げ捨て、それぞれに指紋を多く残した。タバコの吸い殻からも犯人を特定することができた。

この種の盗犯は、日本では所轄の捜査官が臨場して鑑識作業を行なうが、タイでは本局のベテラン鑑識官が出動して現場検証を行なう。現場から遺留品と指紋の採取を行なうことで、犯人は百パーセント逮捕できる。

なぜならタイでは、一五歳になるとＩＤカードを作成し、その時に指紋を採取しているので、指紋で照会すればすぐに身元を特定することができる。

盗まれたキングコブラ

ＪＩＣＡに提出する書類を作成していると、当番勤務のノック少佐が茹でたピーナッツをビニール袋に入れてやって来た。

タイ人はいつも何かを食べている。一日に五〜六回は間食し、人が集まるところには必ず食べ物がある。食べ物を包むのはビニール袋で、少し前までは、ハスやバナナの葉でくるんでいた。今でも田舎にいくとバナナの葉は日常的に使われているが、バンコクではさすがにあまり見かけなくなった。

「今日は何もありませんね。たまには大きな事件があるといいですね」とのんきに言いながら、ノック少佐は机の脇の椅子に腰を降ろして雑談を始めた。しばらくすると、階下の大部屋からキャナ少尉が市場で窃盗事件が多発しているので、臨場して欲しいという要請があった。いつものように鑑識機材を車に積み込むと、また今日も現場に向かった。

これまで数多くの窃盗事件を扱ってきたが、いちばん恐ろしかったのは、タイ国立毒蛇・感染症研究所で、キングコブラ八五匹が盗まれた事件である。キングコブラはふつうの蛇ではない。太さはビール瓶くらいで、全長二〜三メートルもあり、軽く一メートルはジャンプする。目標を狙って数メートルの距離から毒液を飛ばし、その液が目に入れば失明してしまう。毒の威力はほかの蛇の数十倍で、噛まれると象でも倒れる。

キングコブラの恐ろしさを知っているタイの警察官はだれも現場に行きたがらない。私はそんなに恐ろしい生物がどうやって盗まれたのか興味があり、捜査に行こうと誘ったが、大部屋の若い警察官はみな視線をそらした。

タイではヘビによる被害は少なくない。写真はカンボジア国境で捕獲されたビルマニシキヘビ。無毒だが体長5〜7メートルになる。

「よし、俺が一人で行く」と言うと、スラナー少佐が手を挙げ「俺も行く」と言って、大部屋をぐるりと見渡した。その時、視線を避けた三人の女性警察官を少佐は指名し、計五人でラマ4通りにあるタイ国立毒蛇・感染症研究所に向かった。

研究所では一六九種類の蛇を飼育し、そのうち毒蛇は八六種類。キングコブラの飼育場は、直径約一〇メートル、高さ五メートルほどのコンクリート製のプールで、中央に直径六メートルほどの円形の島があり、大きな黒いキングコブラが一〇匹ほどプールで泳いでいた。

島の中央には、瓦礫と陶器やブロックの塊が山積みされ、それがキングコブラの巣になっている。ここからキングコブラが盗まれたという。われわれは、外から島に足場を渡して入ることにした。

指紋採取の道具を手にして足場を渡ろうとすると、飼育係の女性が大声で、「女性警察官は入らないで！」と叫んだ。意味がわからず無視すると、再び「女性はご遠慮願います」と言った。飼育係は毎日、蛇と付き合っているせいか目つきも蛇のように鋭かった。「まるでキングコブラのようだね」とスラナー少佐が笑いながら冗談を言う。

少佐が飼育係に理由を尋ねると、少し困って、「女性がスカート姿で入ると下半身の臭いにコブラが興奮して飛びかかってきます」と説明した。スラナー少佐が「老婆が飼育場に入った場合、蛇は興奮しますか？」と質問すると、「それはコブラに聞かないとわかりません」と答えた。

島の周りではキングコブラがウナギのようにグルグルと泳ぎ回り、日本のアオダイショウやシマヘビとは比較にならないほど太くて元気がいい。犯人が触わったと思われる瓦礫や陶器から指紋を採取していると、突然、スラナー少佐が大声で、「危ない！　大佐の頭の上の木にコブラがいます！」と叫ぶ。あわてて顔を上げると、すぐ目の前にキングコブラがにらんでいた。足下の瓦礫の隙間を覗くと無数の蛇がとぐろを巻いて私を警戒している。

その時、プールの塀から監視していた女性警察官のウィライ少尉が「トジマ大佐、スラナー少佐危ない！」と悲鳴をあげた。泳いでいた二匹のキングコブラが砂地に上がってきていた。私とスラナー少佐は動くこともできず、その場にじっとしていると、黒光りしたキングコブラが足元を抜けて瓦礫の中に入って行った。二人は互いの顔を見合ったまま、声が出なかった。

監視している飼育係にキングコブラは何匹いるのか質問すると、笑顔で「四〇〇匹くらいかな」と答えた。キングコブラはネズミや猫、犬、アヒル、ニワトリなど何でも食べるそうで、ほかの蛇も食べると話してくれた。私は「犬や猫のあとに食べられる前に上がるよ」と言って、指紋二八個を採取し、蛇の島からコンクリート塀の外に戻った。

研究所には所轄警察の刑事も二人来ていて、顔なじみのアピサック中尉が心配して「噛まれなかったですか？」と言いながら、頭からつま先まで全身を確認してくれた。私は三人の若い女性警察官に、「この次はキングコブラが興奮しないようにズボンとゴム長靴を履いて来い」と冗談を言った。

タイ国立毒蛇・感染症研究所での鑑識捜査も終わり、行きつけのチャイナタウンの店で食事することにした。街はソンクラーン（タイの正月）を控えて賑わっていた。表通りを一本入った細長い路地では華僑の老人たちが椅子を並べてマージャンに興じていた。

路地を進んで行くと、電話をしていたアビサック中尉が大声で「カオチャィ（わかった）」と言って、急に足取りが速くなった。そのあとをついて行くと、ある中華料理屋の前で止まった。

アビサック中尉とその連れの刑事が店の者と小声で話をしていると、料理人が小さな紙片を手渡した。アビサック中尉は笑顔でそれを受け取った。そして私に「今の店にスネークセンターのキングコブラを三匹売りに来た男がいる」という情報を伝えた。

今回の犯人は、華僑が強精剤として好むキングコブラを狙って盗んだようだ。華僑は、毎年この時期に毒蛇を食べるという。キングコブラを売りに来た犯人の名前と住所がわかったので、指紋と照合すればすぐに逮捕できるだろう。

その後、アビサック中尉が馴染みの店に案内してくれた。店の前では若い娘が元気に客の呼び込みをしていた。私たちが入ると手にした布でテーブルを拭いた。その布は台ふきんなのか、雑巾なのかわからないほど黒ずんでいた。

スラナー少佐はコエテ・センレック（細麺のラーメン）、ほかの者はカーオパッガイ（鶏肉のチャーハン）やラーッナー（太麺のあんかけそば）、私はカーオナーペ（アヒルの煮込みご飯）を注文した。

ほかの客が頼んだ野菜炒めのコショウがあたりに飛び散り、客が大きなクシャミを何度もしている。クシャミが私たちの方に回ってきた。目の前で料理を作っているのを見るのは楽しい。料理によって必要な具材を手早くまな板に乗せ、洗わずに包丁で切って、鍋に投げ込んでいる。テーブルの上には蠅がうるさく飛び回り、目の前の箸や皿、コップに止まっている。手で蠅を追い払いながら、料理の来るのを待っていると、女性警察官が注文したオレンジジュースに蠅が数匹落ちた。店の女将に「蠅がコップに入った」と言うと、涼しい顔で、「そこの箸で取れば飲めますよ」と教えてくれた。

女将は、手にした皿を先ほどテーブルを拭いた布で拭くと、料理を手際よく盛りつけた。この店はこの一枚の布切れですべて済ませているようだ。料理が順に運ばれてきた。テーブルにはトウガラシ、酢、ナムタン（魚醬）、砂糖などの調味料が置かれている。タイ人は汁麺に砂糖を入れて食べる。

今回も清潔とはとても言えない店だが、空っ腹に流し込んで店を出た。タイでは階級の上級者が全員の食事代を払うことになっている。

もうすぐタイ人が一年で最も楽しみにしているソンクラーンの水かけ祭りが始まる。大人も子どもも夢中になって水をかけあう。祭りの期間は三日間で、毎年全国で四〇〇〜五〇〇人が事件や事故で亡くなるが、誰もソンクラーンの祭りを止めることはできない。

祭りの期間中、警察官だけが忙しく走り回っている。

田宮教官とのタイ旅行

二〇一八年二月一六日、本書の原稿を書き終わりホッとしていると、警察学校時代の恩師、田宮榮一氏が亡くなられたという知らせが届いた。私は取るものも取りあえず帰国し、葬儀・告別式に参列することができた。

田宮教官のことは前に書いたが、私の転機に必ず助言を与えて下さり、迷っている私の背中を押してくださった。まさに人生の恩師である。

田宮教官は一九八二年から八三年まで警視庁捜査一課長を務められ、一九八九年に警ら部長を最後に退職された。退職後は日本テレビの客員解説員を務め、コメンテーターとして活躍された。

一九八二年二月八日のホテルニュージャパンの火災と、その翌朝に発生した日航機羽田沖墜落事故では、私の直属の上司である鑑識課長として二つの現場を指揮された。その様子は、拙著『警視庁似顔絵捜査官001号』で詳述したのでここでは触れない。

田宮教官は私が一人でタイ警察に赴任したのが心配なのか、これまで五回、様子を見に来て下さった。

最初の訪問時、田宮教官は「トンちゃん、お寺巡りはいいから、何か面白い所はないか」と言い出した。そこで、日本の警察大学に留学したサワン将軍も誘ってタイ最北端のチェンライに出かけた。ラオスとミャンマーに接する国境の街で、ここまで足を伸ばす観光客は少ない。

ここはいわゆるゴールデン・トライアングルの一角で、麻薬の生産地として悪名が高い。目の前に国境となるメコン川がゆったり流れている。突然、田宮教官が振り返って、「おい、対岸には行けるか？」と言った。「あそこはラオスですよ」と言うと、教官はまるで腕白少年が木登りでもするかのように、細い目がキラキラ輝いていた。

私は近くにいた若者に聞くと、五〇〇バーツ（約一五〇〇円）で行くという。

田宮教官に「ラオスに行けますよ」と声をかけると、「よしわかった」と言うやいなや私より先に小舟に乗り込んだ。

サワン将軍は笑顔で見送ってくれた。木造の小舟に自動車のエンジンを載せ、そこから長いシャフトが伸び、その先にスクリューがついている。舟はもの凄いエンジン音を響かせながら海のようなメコン川を矢のように走り、三〇分ほどでラオスに着いた。

少し離れたところから鋭い目付きの男がわれわれを注視している。私は左胸のポケットに入れたタイ国家警察手帳に手を触れて確認すると、田宮教官に「パスポートはありますか?」と尋ねた。教官は「あーホテルに置いてきたよ」と言う。

パスポートは常に携帯しなければいけない。私は上陸するとすぐ近くの食堂に入った。幸いなことにここはタイ語が通じた。屋外のテーブル席に座り、ラオス製ビールを注文し、教官と船頭の三人で乾杯した。

男はじっとわれわれの行動を監視している。意を決した私は男に近づいて、「ここは静かでいい所だね」と声をかけると、すかさず「お前は何者だ?」と聞いてきた。私は警察手帳を提示すると、男は「俺もだ」と言ってラオス警察の銀色のバッジを見せた。彼はタイ語がうまい。そして「タイ人ならいいが、中国人や韓国人などいろいろな国の者が無断で入国してくる。パスポートがなければ違反なので見張っている」と言って、田宮教官を指して「あれは誰だ? お前の仲間か?」と聞く。私は「あれは兄貴だ」と言うと、男は「中国人かと思ったよ」と言って笑った。

そろそろ日暮れが近い。「早くタイに戻らないと帰れなくなる」と船頭をせかし、ラオスの警察官にビール二本を手渡し、「また会いましょう」と声をかけてタイに戻った。

対岸ではサワン将軍が「遅かったな」と心配しながら待っていてくれた。

いつしか日はすっかり落ち、メコン川を挟んで遠く左にミャンマー、右にラオスの街の灯りがチラチラ見える。

薄暗い屋台の裸電球の下で、田宮教官はガイヤン（焼き鳥）を素手でがぶりつきながら、メコンウイスキーをロックであおっている。さすがはデカ（刑事）時代に鍛えた豪快な飲みっぷりだ。警察大学の同期生サワン将軍との話も尽きることなく、夜は静かに更けていった。

翌朝、「トンちゃん、ここはミャンマーとの国境も近いんだよね」と聞く。教官がそんな言い方をするときは必ず何か魂胆がある。教官はすべてにおいて型破りで、こうと決めると即実行に移す太っ腹な性格だ。

ゴールデン・トライアングルは、タイ・ミャンマー・ラオスの三か国がメコン川に接し、世界最大の麻薬密造地帯と知られている。山岳地帯に入ると農家ではいまだにアヘンを栽培している。病院や薬局もないので、各家庭では常備薬として麻薬を備えている、かつてクンサーという麻薬王がこのあたり一帯を支配していた。地元警察の調べでは、二〇〇四年当時の麻薬生産量は年間二五〇〇～三〇〇〇トンに上るという。

田宮教官の希望もあり、チェンライから数キロ先にあるミャンマーと国境を接するメーサイに行くことにした。ゲートをくぐり、緑色の橋を渡るとそこはミャンマー領だ。急に風景が変わり、住民や沿道の様子からも貧困が目につく。小さな女の子が田宮教官にまとわりつき、小さな手を出して小銭をねだる。

教官もついつい小銭を二枚ほどその手のひらに落とした。その子はニコリとして白い歯を見せた。そのとたん大勢の子供たちの手がいっせいに伸びてきた。田宮教官の親切心が大騒ぎを招いてしまった。咄嗟に「教官、あるだけの小銭を撒いて下さい！」と言って私も持って小銭を遠くに投げた。小銭はキラキラと輝きながら散らばり、教官を取り巻いていた子供たちはいっせいに投げた先に向かって走り出した。私たちはその隙にその場を離れることができた。

二〇一一年三月、田宮教官は家族連れでタイを訪れた。五回目となる今回は元捜査一課長の光眞章氏も同行された。

このときも田宮教官は、ネオン輝くバンコク市街ではなく、観光客のめったに行かない素朴なタイの地方を希望された。スワンナプーム国際空港に到着すると、そのまま飛行機を乗り継いで、チェンマイに向かった。

空港では大勢の警察官が整列して、われわれを迎えてくれた。白バイとパトカーの先導付きでゾウの訓練施設や国立公園などを観光してまわった。

チェンマイに三泊してバンコクに戻り、お別れの昼食会をしていると、突然、携帯電話が鳴った。警視庁鑑識課の一ノ瀬警部補からだった。「先輩、大変です。いま東京が大きく揺れています」と言う。それが東日本大震災の第一報だった。

まだ事態の深刻さを知らない私たちはスワンナプーム国際空港に向かった。その時期、タイは夏休みで、空港は多くの人でごった返していた。

教官一行を案内して日本航空の受付カウンターに行くとクローズされていた。係の女性に聞くと、「日本行きの便は今日は飛ばない。お休みだよ」と何の説明もなく他人事のように言う。私は頭にきてタイ語で「プーレン・メチャイ（冗談はだめだ）」「ゴッホ・マイダーィ（嘘を言うな）」と怒鳴った。

それでも彼女は顔色ひとつ変えずに「向こうにある発着案内板を見たら」と指差した。急いで確認すると、日本行きはすべて赤ランプがついて欠航となっている。

運行状況を確認していると、ようやく日本が大地震とその後の津波に襲われて大変な事態になっていることがわかった。しかも田宮教官は明日、外せない用事があってどうしても今日中に帰国しなければならない。

日本行きの全便がキャンセルとなったいま、どうすればいいのか。広い空港内をうろうろしている私の姿を警備の警察官が見つけて上司に無線で連絡した。するとツーリストポリスのタビー中佐が部下四人を連れて人混みをかき分けて私を探しにきた。タビー中佐は士官学校の私の教え子だ。中佐に事情を話すが、いくら警察でも飛行機の運航をコントロールすることはできない。

断片的に入る地震の惨状に心配しながらも、どうにもならない。すると、空港入国管理局のスイット少佐から思いもよらない知らせが入った。地震発生から五時間ぶりに日本行きの特別チャーター便が飛ぶというのだ。発着案内板に表示される前に搭乗券を交換することができ、田宮教官一行はなんとか特別便でその日のうちに帰国することができた。

これが田宮教官とタイで会った最後となった。

おわりに

警視庁勤務三八年のうち三六年間を刑事部鑑識課で過ごし、多くの重大事件の捜査に関わってきた。一九九五年、JICA（国際協力機構）の専門官として、タイ国家警察局科学捜査部に派遣され、日本の捜査・鑑識活動を実地に指導した。

二〇〇一年、警視庁を退職後、タイ国家警察に請われて、ふたたびタイに渡った。気がつけばタイでの暮らしも二〇年以上になる。今もタイ国家警察の大佐として若い警察官とともに毎日現場で汗を流している。

赴任した当初は、見る物、聞く物すべてが初めてで、何もわからない状態だった。失敗もたくさんして、相談する人もなく、困って迷って泣いたこともあった。

現地の暮らしに溶け込むには、言葉を覚えなくては駄目だ。そう決心した私は一生懸命にタイ語を覚え、警察官とともに事件や事故の現場に足を運んだ。やがてその努力も認められ、少しずつ自分の居場所を見つけることができた。

ＪＩＣＡは、タイをはじめ多くの発展途上国で、日本の技術や技能を提供している。資金援助も大事だが、本当の国際協力は、人と人の心のふれあいを通じて生まれるものだと思う。まずは人づくりから始め、それがやがて国づくりにつながっていく。とても時間がかかるように思われるが、一人ひとりがその思いを持っていれば、意外に早く実現できるものである。

私はＪＩＣＡの専門官の一人としてタイ国家警察の発展に寄与することができ、たいへん光栄に思っている。そして、日本にいては経験できない異国の文化や人々と心を通わせることができ、嬉しく思っている。

これを私の人生の最大の喜びとして、出会った人々に心から感謝をしたい。

微笑みの国「タイ」ありがとう。

戸島国雄

著者略歴

（現・タイ王国内務省国家警察局科学捜査部現場鑑識　警察大佐）

一九四一年一月一日、誕生。

一九六〇年、自衛隊に入隊（一九歳）。習志野第一空挺団（二四期）に所属。

一九六三年六月二七日、警視庁警察官拝命。

一九六四年、蒲田警察署派出所勤務。

一九六七年、蒲田警察署刑事課鑑識係。

一九七〇年一〇月二六日、警視庁刑事部鑑識課現場写真係（警視庁定年退職まで）。

一九九四年二月、四歳の幼女の証言で容疑者の似顔絵を作成し、強制猥褻事件を解決（非番や休日を利用して上野公園の似顔絵師のところに通い似顔絵の描き方を学ぶ）。

一九九四年三月、病院の看護師長だった妻を白血病で亡くす。

一九九四年七月、「都民の警察官」（産経新聞社）を授与される。

一九九五年三月、警察庁海外派遣の試験。全国の警官の中から刑事捜査鑑識専門官としてタイ国派遣選抜試験に合格。当時はフィリピンに二名。タイに一名派遣された。

一九九五年一一月六日、タイのドンムアン国際空港に到着。警視庁刑事部に在籍しながらＪＩＣＡ（国際協力機構。当時は国際協力事業団）の専門官として、タイ内務省国家警察局科学捜査部に配属され、犯罪捜査および現場鑑識の指導にあたる。警察幹部を対象にした科学捜査技術セミナー（月二回）も実施。タイ政府と国家警察局の要請依頼で二年の任期を一年延長。タイ語による犯罪鑑識の教科書も出版。

一九九八年、帰国。警視庁刑事部鑑識課に在籍。

二〇〇〇年、警視庁似顔絵捜査員制度が設立され、犯人手配用の似顔絵専門捜査員００１号の任命証を刑事部長より受理。

二〇〇一年、警視庁警部を定年退職。警視総監賞・部長賞等一〇七回受賞。講道館柔道（六段）。

■三六年間の警視庁現場鑑識で従事した主な事件

三島由紀夫割腹事件（一九七〇年）、連合赤軍リンチ殺人事件（一九七一〜二年）、（三菱重工爆破事件（一九七四年）、三浦和義ロス疑惑事件（一九八一年）、ホテル・ニュージャパン火災（一九八二年）、羽田沖日航機墜落事故（一九八二年）、日航１２３便墜落事故（一九八五年）、トリカブト殺人事件（一九八六年）、宮崎勤幼女連続殺人事件（一九八九年）、オウム真理教関連事件（一九九五年）など数々の大事件を担当。

二〇〇二年三月、似顔絵捜査官を指導する嘱託員として五年間の勤務を打診されるが、タイ国家警察から「もう一度指導してほしい」との申し出があり、その要請に応えて、ＪＩＣＡのシニアボランティアとしてふたたびタイに渡る。警察大佐を拝命。ポリス・アカデミー士官学校、警察大学等において科学捜査現場鑑識専科の実技指導。

二〇〇三年、南タイの陸軍基地をアルカイダ組織が襲撃し、武器、弾薬等を強奪。その後、警察署、学校、市役所、寺院などを襲う。現地で鑑識活動を行ない逮捕につなげる。

二〇〇四年一二月二六日、現地時間午前八時過ぎ、インドネシア・スマトラ島沖地震が発生。それによる大津波で南タイのパンガー、クラビー、プーケット各県に甚大な被害。津波発生後の翌二七日から一〇名の部下とともに一番被害の大きかったパンガー県の被災地に直行し約三カ月間で約四千体の遺体から指紋を採取し、遺体処理をする。タイ国ラマ九世フミポン国王陛下より勲章を拝受。一時帰国した際に、吹上御所で天皇皇后両陛下に現地の状況をご説明し、両陛下からねぎらいのお言葉をいただく。

二〇〇六年三月、邦人二名殺害された事件で鑑識活動により殺害現場を特定し、証拠採取により犯人を逮捕する。

二〇〇六年八月二四日、タクシン首相暗殺未遂爆破事件発生。起爆装置を解体し指紋を採取。軍関係者七名を逮捕。

二〇〇六年九月一九日、軍クーデターに遭遇。

二〇〇八年、日本人を手足首切断して殺害した日本人の容疑者をパタヤで逮捕。

二〇〇八年九月、国際協力機構JICA緒方貞子総裁から感謝状を授与される。

二〇一一年九月、初めての著書『タイに渡った鑑識官―妻がくれた第二の人生』(並木書房)を発表。一一月三日、瑞宝単光章を受賞。

二〇一二年三月、『警視庁似顔絵捜査官001号』(並木書房)を発表。

現在もタイ国家警察大佐として捜査・指導の陣頭指揮にあたる。

戸島国雄（とじま・くにお）
1941年生まれ。自衛隊（空挺団）を経て1963年警視庁入庁。1970年警視庁刑事部鑑識課現場写真係。鑑識課在職中に千枚近い似顔絵を作成し、事件解決に貢献。連合赤軍リンチ殺人事件、三菱重工爆破事件、三浦和義ロス疑惑事件、ホテル・ニュージャパン火災、羽田沖日航機墜落事故、日航123便墜落事故、トリカブト保険金殺人事件、宮崎勤連続幼女誘拐殺人事件、オウム真理教関連事件など数々の大事件を担当。警視総監賞・部長賞等107回受賞。1995年JICAの専門官として、タイ国家警察局科学捜査部に派遣され、鑑識捜査技術を指導。1998年帰国。2000年似顔絵捜査員制度の第1号を拝命。2001年警視庁を定年退職。2002年3月JICAのシニアボランティアとして再びタイに渡る。警察大佐を拝命。著書に『タイに渡った鑑識官ー妻がくれた第二の人生』『警視庁似顔絵捜査官001号』（いずれも並木書房）。タイ王国内務省国家警察局科学捜査部現場鑑識 警察大佐。

警《けい》視《し》庁《ちょう》刑《けい》事《じ》部《ぶ》現《げん》場《ば》鑑《かん》識《しき》写《しゃ》真《しん》係《がかり》
—犯罪捜査に国境なし—

2018年10月５日　印刷
2018年10月15日　発行

著　者　戸島国雄
発行者　奈須田若仁
発行所　並木書房
〒104-0061東京都中央区銀座1-4-6
電話(03)3561-7062　fax(03)3561-7097
http://www.namiki-shobo.co.jp
印刷製本　モリモト印刷

ISBN978-4-89063-376-0